ZUKUNFTSMUT UND HERZENSKRAFT

Für dich: Geh mutig weiter.
Du darfst vertrauen. Die Liebe trägt dich.

Das Labyrinth von Chartres © Ssolbergj/Wikimedia Commons

BEATE & OLAF HOFMANN

Zukunfts MUT und Herzens KRAFT

HALT FINDEN IN UNSICHEREN ZEITEN

edition chrismon

Bibliografische Information der Deutschen Nationalbibliothek:
Die Deutsche Nationalbibliothek verzeichnet diese Publikation in der Deutschen Nationalbibliografie; detaillierte bibliografische Daten sind im Internet über http://dnb.d-nb.de abrufbar.

Printed in EU

Das Buch wurde auf alterungsbeständigem Papier gedruckt.

Cover: Ellina Hartlaub, GEP gGmbH Frankfurt/Main
Coverbild: plainpicture/Willing-Holtz
Innenlayout: Mario Moths, Marl
Druck und Bindung: GRASPO CZ a.s., Zlín

ISBN 978-3-96038-361-1
www.eva-leipzig.de

INHALT

Einführung

ZUKUNFTSMUTIG DEM „ICH KANN NICHT MEHR"-GEFÜHL BEGEGNEN

„Sie haben keinen Lungenkrebs, das ist die gute Nachricht."
„Und was ist die schlechte?"
„Wir haben Sarkoidose diagnostiziert."
„Sarko – was?".

Monate sind seit jenem Tag in der Uniklinik vergangen. Inzwischen wissen wir, dass es eine seltene Erkrankung ist, bei der sich das Immunsystem gegen den Körper richtet, statt ihn zu schützen. Eine Krankheit, die wenig erforscht und vielfältig in ihren Symptomen ist. Wenn es sehr gut läuft, kommt sie zum Stillstand.

Und wenn nicht?

Wir sind Bewegungsmenschen. Draußensein ist unser Vitamin, Langstreckenwandern eine Leidenschaft. Was bedeutet diese Diagnose für unser Leben? Niemand kann das vorhersagen. Wir brauchen Mut, und zwar ziemlich viel davon, wollen wir der Zukunft hoffend entgegengehen. Wir brauchen Zukunftsmut und Herzenskraft – und da sind wir in guter Gemeinschaft.

Immer mehr Menschen sind auf der Suche nach dem, was ihnen Halt gibt in den Krisen des Lebens. Sei es die Angst vor globalen Krisen und Krieg, Sorge um die Veränderungen im beruflichen Umfeld, Krankheit oder Trennungen in der Familie. Seitdem sich eine Krise über die nächste stapelt, geht es mit der Zukunftserwartung bei vielen Menschen nur noch schleppend voran. Der Berg der Befürchtungen und Sorgen nimmt zu und verbaut die freie Sicht. Viele fürchten, dem, was auf sie zukommt, nicht mehr gewachsen zu sein. Sie fühlen sich mit der Situation überfordert und alleingelassen.

Vermutlich hast du dieses Buch in die Hand genommen, weil auch du dich nach mehr Leichtigkeit im Alltag, nach neuer Tatkraft oder nach einer großen Portion Zuversicht sehnst. Und genau dabei soll dich dieses Buch unterstützen. Es will dir zu einem Kompass und Tourenbegleiter auf dem Weg deines Lebens werden und dir helfen, wieder sicheren Tritt und Vertrauen in den nächsten Schritt zu finden.

Du wirst Geschichten lesen und in jedem Kapitel kleine Übungen oder Meditationen finden, die wir in Seminaren und im Coaching mit unterschiedlichsten Menschen in der Praxis erprobt haben. Sie sind so etwas wie eine Brotzeit, die dich unterwegs stärken wird, damit du auch tatsächlich ankommst in deiner Zukunft und in deiner Herzenskraft.

Darüber hinaus haben wir Wissen aus der Resilienz- und Persönlichkeitsentwicklung mit spirituellen Impulsen und Erfahrungen aus meiner Tätigkeit als Seelsorgerin in der Uniklinik in gut verdaulichen Portionen eingewebt.

> Dies ist ein Praxisbuch, was dem „Ich kann nicht mehr“-Gefühl der Krise aufrichtig und zukunftsmutig begegnet.

Als die Diagnose von Olafs Krankheit kam, haben wir gezögert, das Buchprojekt zu beginnen. Stark fühlten wir uns in diesen Wochen nicht gerade. Doch dann haben wir uns darauf besonnen, dass wir nicht ändern können, was uns passiert. Was jedoch immer bleibt, ist die Freiheit, zu entscheiden, wie wir damit umgehen wollen. Das ist eine Haltung, die auch du an jedem Ort und in jeder Krise aufs Neue entwickeln kannst. Es geht darum, das Beste aus dem Möglichen zu machen.

Bist du bereit?

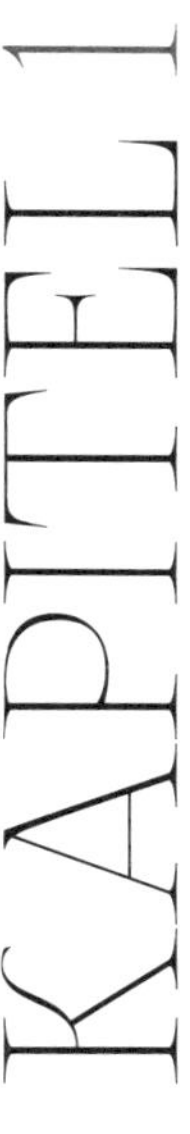

KAPITEL 1

Sei so frei!

Vom Mut, das Lassen zu tun

WORUM ES GEHT:

Stille statt Pille
Niemand muss müssen
Räume freiräumen

ÜBUNG:

Abendmeditation
Dein Wohlfühlplatz der Stille
Bewusst atmen

TEXTE:

Was wäre, wenn? (Seite 22)
In der Stille (Seite 29)

Wer Zukunftsmut hört, der denkt ans Ärmelhochkrempeln. Der will loslegen. Sofort, schwungvoll und mit aller Kraft. Wer denkt da schon daran, als Erstes die Hände in den Schoß zu legen, um tief durchzuatmen?

Doch wenn du wirklich etwas in deinem Leben verändern willst und dich nach Tatkraft und Zuversicht sehnst, dann ist das Einüben von Stille, Achtsamkeit und purer Präsenz der Boden, auf dem das Neue gedeihen kann.

Als wir vor reichlich zehn Jahren ein Sabbatjahr in der kanadischen Weite erlebten und mit Ende vierzig zurück in Deutschland in ein ganz neues Leben aufbrachen, da war es die Erfahrung von Stille, die uns während unseres Neuanfangs getragen hat. Immer wenn wir Angst hatten, ob uns der Einstieg in die Arbeitswelt wieder gelingen würde, wenn wir uns Sorgen um etwas machten, aber auch, wenn wir uns unbändig über kleine Erfolge und Möglichkeiten freuten, dann konnten diese Emotionen in der Stille zur Ruhe kommen. Sie wandelten sich dadurch zu einem Humus, der uns immer mehr zum fruchtbaren Boden wurde. Dabei war unsere Zeit der Stille anfangs eher ein Experiment und reichlich unspektakulär.

Im urigen Blockhaus, abseits unserer bisherigen Routinen hatten wir gemeinsam begonnen, morgens täglich in der Stille zu sitzen. Wir rückten uns Stühle direkt vors Fenster, schauten auf kreisende Adler, auf die Berge und den See, hinaus in die Weite. Den Weg in die innere Mitte zu gehen, bedeutete für uns, dem Atem zu folgen, die Augen zu schließen und hellwach zu werden für das Geheimnis der göttlichen Gegenwart inmitten der Stille. Zunächst einmal war das ziemlich eintönig und nichts geschah, was erwähnenswert wäre. Wir lernten es Tag für Tag, uns selbst besser auszuhalten. Allmählich wurde aus der Übung eine gute Gewohnheit. Irgendwann wurde es leichter, die Gedanken ziehen zu lassen, immer mehr im Jetzt zu verweilen und den fließenden Atem wie einen Freund zu begrüßen. Unmerklich wurde aus dem bloßen Sitzen eine geistliche Übung, in der es gelang, tiefen inneren Frieden zu erleben.

Wir beide sind ziemlich aktive Menschen und es ist für uns nicht einfach, das Lassen zu tun. Die Stille half uns, die innere Unruhe wahrzunehmen, zur Ruhe zu finden und die Seele immer mehr zu klären und zu reinigen. Und schließlich waren es diese Momente, in denen wir klare Antworten fanden oder Impulse bekamen. Das half, Wesentliches vom Unwesentlichen zu unterscheiden. Diese Erfahrung haben wir tief in uns abgespeichert. Und auch wenn wir heute im Alltag statt einer ganzen Stunde morgens nur fünfzehn Minuten Zeit für die Stille finden, so ist dies eine Kraftquelle der inneren Ruhe und macht uns bereit für alles, was uns an diesem Tag erwartet.

Seit einigen Jahren haben wir einen engen Bezug zu TEAM BENEDIKT, einem Zusammenschluss von wertebewussten Trainern und Coaches, hervorgegangen aus der Arbeit von Pater Anselm Grün und Friedrich Assländer. Ich halte als TEAM BENEDIKT-Kursleiterin Seminare zur Persönlichkeitsentwicklung, Olaf hat seine Ausbildung als Business-Coach dort absolviert. Gemeinsam haben wir in vielen Aufenthalten im Kloster beobachtet und gelernt, dass die besten Entscheidungen oder die wirksamsten Überlegungen aus dem Nicht-Tun, aus der Stille, aus dem Gebet heraus geboren werden. Ja, tatsächlich geboren werden. Vielleicht irritiert dich diese Formulierung, doch immer wieder erleben wir, dass die wesentlichen Erkenntnisse, die lösenden Worte in einem Konflikt, die entscheidende Frage in einem Prozess aus einer Dimension kommen, die sich unserem bewussten Wollen entzieht.

Im Evangelium des Johannes wird schon vor 2000 Jahren poetisch davon gesprochen. Dort heißt es: „Am Anfang war das Wort, und das Wort war bei Gott, und Gott war das Wort." Dahinter steht die Überzeugung, dass die Weisheit mancher Worte weder auf unseren tiefsinnigen Überlegungen noch auf dem IQ eines Menschen oder auf dem Inhalt gewichtiger Fachbücher beruht. Es gibt eine Quelle, die entzieht sich der Machbarkeit. Wir können sie nur aufsuchen.

In der Stille, wenn wir gegenwärtig sind, statt gedanklich vorauszuplanen oder uns rückwirkend Sorgen zu machen, genau in dieser Präsenz gehen wir zur Quelle, beginnt ganz leise das Neue.

Wem es für einen Bruchteil von Sekunden oder Minuten gelingt, den fortwährenden Gang eigener Gedanken und Planungen anzuhalten und ganz im Jetzt zu sein, der öffnet sich für diese unfassbare, stetige Kraft der Schöpfung, des Lebendigen.

Es gibt viele verschiedene Möglichkeiten, dies zu praktizieren. Hier unsere Favoriten zum Ausprobieren:

- sich nach dem Aufstehen mit einer Tasse Tee oder Kaffee in Ruhe hinsetzen und dem Zwitschern der Vögel zuhören, bevor der Trubel in der Familie den Tag in Schwung bringt
- 12 Uhr beim Mittagsläuten innehalten, sofern die Glocken zu hören sind, und dem Klang bewusst lauschen
- sich zum Beginn eines Treffens, einer Sitzung gemeinsam eine oder zwei Minuten Stille gönnen, dem eigenen Atem folgen und ankommen, um anschließend fokussierter zu arbeiten (Tipp: ein kleines Stundenglas mit drei Minuten Laufzeit sichtbar auf den Tisch stellen)
- einmal am Tag einen Weg achtsam laufen, dabei die Füße sehr bewusst einen vor den anderen setzen und dabei in eine körperliche Balance finden

- in der Mittagspause die Zimmertür oder Bürotür schließen und still werden, die Hände zur Schale formen und dem Schlag des eigenen Herzens lauschen – zur Be-Sinnung kommen und einfach nur sein

Dies alles sind Momente, in denen wir einüben loszulassen, was gedanklich Besitz von uns ergreift.

In vielen Studien wird belegt, dass Menschen, die sehr gestresst sind oder unter depressiven Zuständen leiden, einen Zustand der Unstetigkeit erleben. Sie können sich nicht auf eine Sache, auf einen Gedanken einlassen, sondern springen unruhig von einem zum anderen. Diese Unruhe überträgt sich auf den ganzen Körper und führt dazu, dass man mit sich selbst und der ganzen Welt im Unfrieden ist. Kein Wunder, dass das unglücklich macht.

Es gibt offensichtlich einen Zusammenhang zwischen konzentrierter, achtsamer Haltung und seelischem Wohlbefinden.

Neulich hatte ich einen Patienten in der Klinik, der sich selbst immer wieder in Grübelschleifen hineindachte. Er machte sich Sorgen über Sorgen und dachte sich ständig neue bedrohlich-bedrückende Szenarien aus. Ob er wieder gesund werden würde? Was, wenn die Ärzte bei ihm einen weiteren Tumor diagnostizieren? Bekam er das richtige Medikament und wenn ja, würde es zuverlässig geliefert werden? Hatte seine Familie schon die Nachricht über seine Diagnose und wie würden sie damit umgehen?

Selbst als er die fantastische Nachricht erhielt, dass er bald entlassen werden würde, machte er sich sofort Gedanken darüber, ob er eine Last für seine Frau daheim wäre oder ob er sich dann leichter mit einer Erkältung im Umfeld infizieren könne. Es war direkt zu beobachten, wie ihm solche Grübeleien das Leben erschwerten und wie diese innere Anspannung mit gedanklicher Unruhe einherging.

Deshalb ist es nicht nur im Falle einer Krankheit, sondern mitten im persönlichen Alltag sinnvoll, die Kraft der Stille und der achtsamen Gegenwart zu kennen, um sie mehr und mehr ins eigene Leben zu integrieren.

Wie kann das konkret gehen?

Der große Schlüssel zur Veränderung heißt „bemerken". Also wahrnehmen, was schon ist und wie etwas ist.

Beginnen kannst du damit zu bemerken, was in deinem Körper alles wie von selbst passiert. Das Herz schlägt ohne dein bewusstes Zutun, der Atem fließt in deine Lungen und befördert den Sauerstoff über das Blut bis in die letzte Zelle. Nährstoffe werden aufgenommen und transformiert. Unser Stoffwechsel ist ein komplexes Wunderwerk. Die meisten Abläufe, vor allem im vegetativen Nervensystem unseres Körpers, vollziehen sich stetig, ohne dass wir sie direkt beeinflussen. Mach dir bewusst, dass du dir darum keine Sorgen machen musst. Es gibt eine Kraft des Lebens, die in dir wirkt und die du bemerken, aber nicht „machen" kannst. Spüre dem Gedanken nach, wie entlastend dieses Gefühl ist.

Selbst die großen Rhythmen der Natur, in die wir eingebunden sind, hängen keinesfalls von unserem Wollen ab. Die Sonne geht zu ihrer Zeit auf und nimmt ihren Lauf. Planeten folgen ihren Bahnen, Sterne verglühen Lichtjahre entfernt und der sich wandelnde Mond erinnert uns beständig an den Wechsel, der sich um uns herum vollzieht.

Wir sind Leben inmitten von Leben, was leben will.

Dieser Satz ist die Erkenntnis, die den Theologen, Mediziner und Musiker Albert Schweitzer inspirierte und zugleich demütig machte. Leben inmitten von Leben, was leben will! Dies wahrzunehmen, indem wir beispielsweise den Wechsel der Jahreszeiten, das Werden und Vergehen, Wachsen und Reifen der Natur bewusst erleben, kann entlasten und entspannen.

ABENDMEDITATION

Tritt heute Abend einmal bewusst vor die Tür oder ans Fenster und halte Ausschau nach dem Mond. Ist er zu- oder abnehmend, eine schmale Sichel oder vollkommen und rund? Vielleicht kennst du die Strophe des bekannten Liedes „Der Mond ist aufgegangen“, in der es heißt: „Siehst du den Mond dort stehen? Er ist nur halb zu sehen und ist doch rund und schön. So sind wohl manche Sachen, die wir getrost belachen, weil unsre Augen sie nicht sehn.“ Es geht darum anzuhalten, hinzusehen und dadurch achtsamer das eigene Leben wahrzunehmen. Tatsächlich hilft es, um aus dem „da muss doch was gehen“ oder „ich muss noch kurz ...“ auszusteigen.

Frage dich, was in deinem Leben rund und schön ist, auch wenn du es momentan nur eingeschränkt wahrnehmen oder nicht sehen kannst. Wer gerade erschöpft ist und zermürbende Gedanken über sein Leben hat, der kann in so einem Moment sagen: „Ich erlebe mich ganz anders, als ich mich kenne. Doch ich weiß, dass es in meinem Leben schon Zeiten gab, in denen es sich sehr gut anfühlte und ich traue darauf, dass es auch bei mir wieder zunehmende Kraft, helles Leuchten und einen guten Rhythmus geben wird. Ich bin auf dem Weg.“
Wo und wie hast du in deinem Leben solche wechselhaften Zeiten erlebt? Was ist nach einer Krise wieder gut geworden? Welchen Trost ermöglicht es dir, wenn du dem stetigen Lauf des Mondes und der Bahn der Sterne mit den Augen folgst? Welcher störende Gedanke darf in deinem Leben

schmaler werden und was soll zunehmen, oder heller leuchten? Vielleicht fallen dir noch viele weitere Fragen ein und du fühlst dich dadurch verbunden mit anderen, die heute ebenso suchend und staunend an den Nachthimmel schauen.

Niemand muss müssen.

Hilfreicher ist es zu entdecken, was du wirklich und von ganzem Herzen willst. Was ist dir wirklich, wirklich wichtig in deinem Leben? Das ist eine Frage, die so nahe liegt und die doch viele Menschen übersehen, weil sie deren Wert nicht erkennen. Es ist eine Frage, die wir uns immer aufs Neue in den Zeiten der Stille stellen, um uns dann in die Antworten hineinzuleben.

Richard Rohr, Franziskanerpater und spiritueller Autor unzähliger Bücher ist einer unserer Impulsgeber. Er verbindet achtsame Stille mit Resonanz. Wir teilen seine Beobachtung, dass Menschen, die sich in der Stille der Mitte ihres Seins öffnen, ein vertieftes Gespür für sich selbst und ihre Mitwelt entwickeln. Deshalb führt Meditation nicht nur zu innerem Frieden, sondern auch zu mehr Mitgefühl und achtsamerer Kommunikation.

Vor Jahren stießen wir auf einen Artikel von Professor Dr. Jalid Sehouli über Kommunikation in der Krise. Dort berichtete der Krebsspezialist und Direktor der Klinik für Gynäkologie der Charité in Berlin über die Kraft der Stille in extrem schweren Patientinnengesprächen. Er verwies auf Studien, die zeigen, dass wir ungefähr 18 Sekunden benötigen, um uns nach einer dramatischen Nachricht wieder zu orientieren.

Das ist der Zeitraum, den unser Hirn benötigt, um die Nachricht überhaupt erst einmal zu realisieren und zu entschlüsseln. Leider ist es aber so, dass die Überbringer einer solchen Nachricht meistens nur wenige Sekunden Stille ertragen und dann wieder zu sprechen beginnen. Es ist zwar verständlich, weil die Situation extrem schwer ist und sie ihre Unsicherheit lieber in eine Aktion wandeln wollen. Doch es ist fatal, weil das Gegenüber sich unverstanden, unbeachtet, übergangen fühlt.

Ich wurde neulich gebeten, dabei zu sein, als Angehörigen in der Notfallambulanz eine Todesnachricht überbracht wurde. Und ich weiß, wie schwer es für Ärzte und Ärztinnen ist, das Unerträgliche zu benennen. Als Seelsorgerin bin ich häufig unmittelbar vor Ort und werde einbezogen, wenn anderen die Worte fehlen.

Die Erfahrung zeigt: Im ersten Moment geht es nicht um tröstende Worte. Es geht vielmehr ums Da-Sein, um stille Präsenz, um Mitgefühl, um Resonanz und Echtheit. Dafür brauchen wir erstmal keine Worte, sondern die Kraft der Stille und das Zutrauen, dass in dieser gemeinsam auszuhaltenden Stille Geborgenheit und Atemholen möglich sind. Achtsame Stille zeigt dem Gegenüber, dass man direkt an seiner Seite steht und dem Schmerz nicht ausweicht, wenn es einem auch fast das Herz zerreißt. Wir verkörpern damit: „Ich verstehe nicht, warum das passiert und schon gar nicht, wofür es gut sein soll. Ich weiß nichts und ich kann es nicht auflösen, aber ich halte für möglich, dass uns im Schweigen ein Größeres begegnet."

Es ist um ein Vielfaches leichter zu ertragen, wenn ein Mensch unter Tränen sagen kann: „Gott ist auch jetzt und auch hier da". In solchen Momenten bin ich sehr dankbar für die Ankerkraft des Glaubens.

Du merkst und erlebst sicher von Zeit zu Zeit selbst, dass Stille ein extrem wichtiges Element ist – besonders in krisenhaften Gesprächen. Gut, wenn wir vorher mit der Stille vertraut sind und gelernt haben, unser Ein- und Ausatmen als Kraft zu begreifen. Wem es in seinem beruflichen Umfeld gelingt, aus dieser Kraft zu leben, der wird gelassener und zentrierter mit kleinen und großen Herausforderungen umgehen können.

Um das zu praktizieren und einzuüben, lade ich, zusammen mit einer Kollegin der Psychoonkologie, Mitarbeitende am Uniklinikum dazu ein, einmal wöchentlich für zwanzig Minuten gemeinsam in die Stille zu gehen. Es ist denkbar einfach umzusetzen.

Wir treffen uns in der Klinikkapelle, lesen einen Text zur Einstimmung, nutzen eine Klangschale als Taktgeber und schließen mit einem ruhigen, klassischen Musikstück. Und die Resonanz ist da. Menschen aus unterschiedlichsten Arbeitsfeldern kommen und nutzen diese Oase der Stille mitten im Tag für sich. Ich bin mir sicher, dass ein Segen davon ausgeht, auch wenn wir ihn nicht unmittelbar mitbekommen.

Du findest im Anschluss einen Text, der uns in der Meditation für Mitarbeitende begleitet. Er eignet sich ebenso gut für eine Zeit der Stille in der Gemeinde, in der Familie oder für dich selbst.

Was wäre, wenn?

Wenn ich anhalte für einen Moment
es aushalte,
nur in diesem Moment zu sein
mich öffne
der großen Kraft des Lebens
den Blick erhebe
den Wolken folge
oder
den Blick nach innen richte
und
dem Atem folge

Dann hält mich dieser Moment
schwebend leicht im Jetzt

Wächst ein JA von Neuem

So wird erträglich, was mich drückt
wandelt Sorge sich zur Sehnsucht
glimmt Hoffnung am Horizont

Wenn ich anhalte für einen Moment
halte ich aus,
dass es ist, was es ist.

Beate Hofmann

Bei den Klosterkursen von TEAM BENEDIKT sind Zeiten der meditativen Stille ein wesentlicher Teil des Programms. Für die meisten Teilnehmenden ist das ungewöhnlich. Sie kommen aus verschiedensten Unternehmen, tragen Verantwortung für Menschen, aber auch für den Umsatz und den Erfolg der Firmen. Normalerweise sind sie von morgens bis abends beschäftigt. Da gibt es kaum eine ruhige Minute. Im Seminar erleben sie plötzlich eine ganz neue Wirklichkeit.

Ohne Schuhe, barfuß, in Socken betritt die Gruppe den Raum. Dieser ist nahezu leer, das Auge hat wenig Ablenkung. Schlichte Holzschemel, oder Kissen auf wollenen Decken laden zum Sitzen ein. Jede und jeder hat seinen Platz. In der Mitte eine große tönerne Schale, in der das Kerzenlicht einer einzigen Kerze leuchtet. Alle sitzen in Stille auf ihren Plätzen, nachdem sie sich zu Beginn tief verneigt haben.

Die Idee dahinter: Ich gönne mir eine Zeit, in der ich „Herz über Kopf" bin. Meine Gedanken sind jetzt nicht mehr das Wichtigste. Sie dürfen kommen und gehen. Ich bleibe nicht an ihnen hängen oder kreise beständig um sie. Ich kann sie wahrnehmen und dann lasse ich sie weiterziehen.

DEIN WOHLFÜHLPLATZ DER STILLE

Hast du Lust, es selbst auszuprobieren? Dann richte dir einen Platz ein, an dem du dich sicher und wohlfühlst. Es ist wichtig, dass du ein gutes Raumgefühl hast, dich unbeobachtet fühlst. Eine Zeit der Stille ist eine kostbare Zeit, die dir guttun soll. Es geht nicht darum, sich zu etwas zu zwingen, etwas durchzustehen oder auszuhalten. Daher muss auch der Platz so sein, dass du ihn gerne aufsuchst.

Hier unsere Empfehlungen für einen Wohlfühlplatz der Stille:

- Du brauchst einen Raum, der nicht leer, aber geordnet ist, so dass dich keine Aufgaben „anspringen" und du ungestört dort sitzen kannst. Achte darauf, den Raum zu lüften.
- Achte auf deine Blickrichtung. Kannst du aus dem Fenster in die Weite, auf ein Bild oder auf eine Kerze schauen?
- Tut es dir gut, auf einem Meditationsbänkchen zu sitzen? Magst du alternativ auf einem Yoga-Kissen auf dem Boden sitzen oder passt es für dich besser, einen Holzstuhl oder Hocker hinzustellen, der dir aufrechtes, rückenschonendes Sitzen erlaubt?
- Achte darauf, dass es auch deinen Knien gut gehen muss, wenn du das Sitzen in der Stille zu einer guten Gewohnheit machen willst.
- Prüfe, ob es für dich hilfreich ist, das Handy als Wächter der Zeit zu nutzen, um dich mit einem leisen Klang sanft ins Jetzt zurückzuholen. Das ist entspannender als die Uhr im Blick zu haben. Allerdings muss das Telefon unbedingt im Flugmodus und damit offline sein. Sonst lenkt es mehr ab als dir zu nutzen.

Wir haben bei uns zu Hause keinen Meditationsraum. Stattdessen nutzen wir ganz pragmatisch unser Wohnzimmer, rücken zwei Stühle vor das große Fenster mit Blick auf die Bäume im Garten und zünden eine Kerze an, deren Licht sich im Fensterglas spiegelt. Gerne lesen wir einen kurzen Text zur Einstimmung und kommen dann schweigend zur Ruhe bis das Läuten der Glocken der nahen Kirche diese Zeit der Stille beendet.

Für uns ist das einfach umzusetzen. Es ist im Alltag praktikabel und unglaublich wohltuend. Dieses kleine Ritual der Stille ist ein Kraftquell für den beginnenden Tag, denn unabhängig von den Problemen oder Anforderungen, die auf uns zukommen, bleibt das Gefühl, diesen Tag im eigenen Rhythmus, dankbar und gelassen begonnen zu haben.

Nichts muss, alles darf.

Häufig fragen uns Teilnehmende im Seminar, wie man das macht, den Wirbelsturm der Gedanken auszuhalten, der sich einstellt, wenn man erstmal zur Ruhe kommt.

Unser Tipp: Stell dir einfach vor, du würdest deinen störenden Gedanken auf eine Wolke setzen, ihn nicht bewerten, sondern ihn ruhig weiterziehen lassen. Du kannst ihm nachschauen, aber du hältst den Gedanken nicht fest. Und sollte der nächste belastende Gedanke, die Sorge um ein unerledigtes To do im Hirn aufploppen, dann setze ihn auf die nächste Wolke. Vielleicht hilft dir die kurze Formel „w.w.w.“: wahrnehmen, wertungsfrei, weiterziehen lassen.

Alles, was wir verdrängen, kommt doppelt und dreifach in unser Bewusstsein zurück. Das glaubst du nicht? Dann versuche doch mal, jetzt nicht an einen gelben Kanarienvogel zu denken. Garantiert flattert er in deiner Vorstellung munter durch die Luft.

Günstiger ist es daher, die unruhigen Gedanken wahrzunehmen, statt sie zu verbieten. Mit der Zeit wirst du es lernen, sie nicht weiter zu bearbeiten oder zu bewerten, sondern sie weiterziehen zu lassen.

Unser Atem hilft uns bei dieser Übung ganz vorzüglich. Ungefähr 22.000-mal atmen wir täglich ein und aus. Die meisten dieser Atemzüge sind uns nicht einmal bewusst. Oder erinnerst du dich etwa, dass du bewusst und tief ein und ausatmest? Vermutlich höchst selten. Es sei denn, du gehörst zu den Menschen, die beim Meditieren oder im Yoga ihre Atemzüge zählen.

Stress, Angst oder Anspannung führen dazu, dass wir schneller und flacher in unseren Brustkorb atmen, statt tief in Bauch und Lenden. Durch die flache Atmung bekommen die Organe weniger Sauerstoff zugeführt. In der

Folge beginnt das Herz schneller zu schlagen und das erzeugt wiederum Stress, durch den wir kürzer und hektischer atmen. Ein unangenehmer Effekt wird verstärkt.

Forscher haben herausgefunden, dass dieser Kreislauf aber auch umgekehrt werden kann. Das ist eine großartige Erkenntnis. Es bedeutet, wer Stress erlebt und innehält, der kann sich in so einem Moment entscheiden, tief in den Bauch einzuatmen und bewusst länger auszuatmen.

BEWUSST ATMEN

Probier es gleich aus: Du zählst innerlich bis vier, während du einatmest. Schaffst du es, so lange auszuatmen, dass du dabei bis sieben zählen kannst? Wenn du das ein bis drei Minuten praktizierst, wirst du direkt spüren, wie sich dein Herz beruhigt.

Es ist einfach zu erklären. Sauerstoff flutet vermehrt durch das tiefe Atmen über unseren Blutkreislauf in die Organe. Der Körper beginnt sich zu entspannen. Daraufhin atmen wir tiefer und alles wird verstärkt. Ein gesundheitsfördernder Kreislauf wird angestoßen und der Achtsamkeitsmuskel trainiert.

Wir finden aus dem Autopilot-Modus heraus und hinein in ein waches Dasein. Folglich können wir besser wahrnehmen, was um uns und mit uns geschieht.

Schnecken tragen ihr Haus mit sich herum. Wir haben unseren Atem, der uns jederzeit Heimat in unserem Innersten bietet.

So gesehen ist der Atem ein wesentlicher Faktor für ein gelasseneres und kraftvolleres Leben. Auch aus diesem Grund beginnen wir unsere Coachings generell mit einer kurzen Meditation, in der wir gemeinsam mit unseren Kunden ankommen und durchatmen. Das funktioniert sogar online oder am Telefon. Solch ein Schweigen ist nicht peinlich, sondern fokussierend und verbindend.

Deshalb machen wir auch dir Mut, es aktiv zu nutzen! Wenn du es lernst, deinen Atem mehr als bisher zu beachten und das tiefe, bewusste Atmen mit kleinen, täglichen Übungen trainierst, wirst du in der Folge entspannter, klarer und überlegter durch deinen Tag gehen.

Darüber hinaus macht es uns staunender, liebevoller und neugieriger, wenn wir uns die Zeit nehmen, immer wieder auf unseren Atem zu achten. Das Leben wird dadurch merklich entschleunigt und in der Folge intensiver.

Stille klärt, schafft inneren Freiraum und hat die Kraft, das Wesentliche dadurch für uns fassbarer zu machen.

Wer atmend in die Stille geht, der kommt dem auf die Spur, worauf es im eigenen Leben ankommt, und wird sich dadurch neu ausrichten. Das Beste daran ist, dass wir das Hilfsmittel Nummer eins der Meditation, unseren Atem, immer und überall dabeihaben. Wir haben dadurch die Chance, uns den natürlichen Rhythmus, der da „in uns atmet“, immer wieder neu bewusst zu machen. Vor allem in unruhigen Zeiten oder wenn Anforderungen von außen zu groß werden, ist es essenziell, sich darauf zu besinnen.

Ein anderer Begriff dafür ist Kontemplation – Innenschau. Richard Rohr bezeichnet das, was sich in der spirituellen Stille einstellt, als alternatives Bewusstsein.

Schon von Jesus wird berichtet, dass er in Zeiten großer Anspannung oder wenn er besonders viele Gespräche mit Ratsuchenden führte, das Gebet in der Stille für sich praktizierte. In der Bibel heißt es: „Am nächsten Morgen verließ Jesus lange vor Sonnenaufgang die Stadt und zog sich an eine abgelegene Stelle zurück. Dort betete er." Eintauchen in dieses alternative bewusste Sein, einen Hauch von göttlicher Ewigkeit und Kraft spüren, das motiviert auch heute viele Suchende dazu, eine eigene Praxis der stillen Zeit zu entwickeln. Wir sind davon überzeugt, dass es sich lohnt, persönliche Erfahrungen damit zu sammeln. Es ist eine Erfahrung, die wir mit Generationen vor uns teilen können: „Meine Seele ist stille zu Gott, der mir hilft" (Psalm 62).

Wer auf diese Weise innehält, sehnt sich danach, mehr Tiefe im Leben zu spüren, loszulassen, sein zu lassen und bei sich selbst anzukommen. Dieses Bei-sich-Ankommen meint zugleich ein Ankommen bei Gott.

> Wenn ich für möglich halte, dass Gott in mir Wohnung nimmt, dann muss ich auch öfter mal bei mir zu Hause sein.

Vielleicht fragst du dich, wie das praktisch aussieht. Beginnen kannst du mit kurzen Ritualen der Stille im Tageslauf. Vor dem Essen beispielsweise. Dafür braucht man keine Tischgebete auswendig zu lernen. Viel wichtiger ist es, innezuhalten, wahrzunehmen, was mir heute geschenkt ist und es bewusst dankbar anzunehmen.

Beten und Stille gehören untrennbar zusammen. Beten als ein Gott zugewandtes Hinhalten meiner Sehnsucht, meines Scheiterns, meines fragenden Herzens. Das braucht keine Worte, sondern vor allem pure, achtsame Präsenz. Und es braucht noch etwas: die Kunst des Hörens. Hinhören auf das, was uns zufällt, was in uns klingt, um in Resonanz mit dem Klang Gottes zu gehen.

Wo das gelingt, wachsen Trost, Zuversicht und Verbundenheit. Das ist der Stoff, aus dem Zukunft geträumt und gelebt wird. Mascha Kaleko, deren Texte wir schätzen, formulierte ihre Erfahrung dazu so: „Mein schönstes Gedicht? Ich schrieb es nicht. Aus tiefsten Tiefen stieg es. Ich schwieg es."

Deshalb trau dich, eigene Texte zu schreiben, die aus deiner Stille, aus deiner Seele, aus deiner Tiefe steigen. Probiere es aus. Es ist leichter als gedacht, denn diese Worte sind ein kreativer Ausdruck deiner Lebenssehnsucht.

Gerne teilen wir einen unserer Lieblingstexte, den ich für die Meditationen im Kloster-Seminar geschrieben habe. Lies ihn mehrfach, lass ihn auf dich wirken, schreibe ihn gerne für dich selbst um oder schreibe ihn weiter. Auf diese Weise wird er zu einer wohltuenden Einladung, das Lassen zu tun und immer mehr anzukommen in deiner Mitte.

In der Stille

Manchmal, wenn ich in die Stille gehe,
dann höre ich in mich hinein und
begegne tausend Fragen.

Das, was ist, das, was nicht ist, das, was
sein könnte,
es überwältigt mich.

Ich suche, um zu finden,
meinen Kern, meine Begabung, meinen
Auftrag,

diese stille Formel,
nach der sich alles erschließt.

Es gibt so viel zu tun. Ich atme.
Es atmet mich.
Ein – und aus.

Und ich spüre, es geht nicht darum,
was ich muss oder soll,
sondern ob ich mir erlaube,
zu sein, gewollt zu sein.

Jetzt muss ich nichts müssen.
Es ist gut. Ich bin gut.
Ich genüge.

Ich folge den Wellen meines Atems,
dem Strom des Lebens,
der durch mich fließt,
atme ein, atme aus
und spüre,
ich bin ein Teil von allem.
Ich bin wertvoll.

Ich komme an,
in der Stille,
in der Mitte,
bei Gott,
bei mir.

Beate Hofmann

KAPITEL 2

Ja zum Wandel

Krisen annehmen und bestehen

WORUM ES GEHT:

Shit happens
Es ist, was es ist
Anverwandeln - das große JA

ÜBUNGEN:

Wandel-Impulsfragen
Wahrnehmen - würdigen - wandeln

TEXTE:

Wasser zu Wein (Seite 35)
Wandlung (Seite 46)
Tanze das Leben (Seite 50)

Wie startest du ins nächste Kapitel? Ist die Unsicherheit noch riesig oder hat dir die Verbindung zum stetigen Fluss deines Atems ermöglicht, dass du ein wenig ruhiger an die nächsten Themen gehen kannst?

Krisen gehören zum Leben dazu. Punkt. Das lässt sich weder wegdenken noch wegmeditieren. Und in letzter Zeit kamen ziemlich viele große und kleine Krisen für uns alle ums Eck. Unverhoffte Ereignisse wie die Pandemie, Unfälle oder Krankheiten. Unfassbare Ereignisse wie dieser Krieg zwischen Staaten, nur eine Tagesreise entfernt, der unzählige Menschen ins Leid stürzt und uns zweifeln lässt an Mitmenschlichkeit und Lernfähigkeit unserer Spezies Mensch. Und darüber hinaus langfristige Herausforderungen wie die Auswirkungen des Klimawandels, die sich in dramatischen Wetterkapriolen wie Unwettern, Überschwemmungen, Dürre oder Regenmangel äußern und uns ängstigen oder ohnmächtig machen.

In der Klinik begegne ich täglich Menschen, deren Leben vor einer Woche noch normal war, und nach der Diagnose stehen sie vor einer großen Leere, einem unüberwindlichen Berg oder vor tausend Fragen. Plötzlich wird der Stress mit dem Kollegen auf der Arbeit völlig unbedeutend, ist es egal, ob die Hecke ums Haus geschnitten und die Steuererklärung pünktlich fertig ist. Urplötzlich wandeln sich die Prioritäten, wird wesentlich, was wir zuvor als selbstverständlich betrachtet haben. Wenn du nicht mal mehr allein auf die Toilette gehen kannst oder dich fragst, ob und wie du wieder die Kraft findest, deinen Alltag selbst zu organisieren, dann wird der Begriff „Krise" zu einer handfesten Realität, die dich in den Grundfesten deiner Seele erschüttert. Wenn du in so einen Strudel von Angst, Sorge, Zweifel und Unsicherheit gerätst, sehnst du dich nach festem Boden unter den Füßen, nach einem sicheren Halt.

Olaf und ich haben schon viele Turbulenzen und unverhoffte Wandlungen in unserem Leben erlebt. Gerade in der Corona-Lockdown-Zeit, als sich alle Aufträge, Seminare, Vorträge und Coachings von einem Tag auf den nächsten in Luft auflösten, kam unsere kleine hope & soul company gewaltig ins Wackeln.

Doch wer in solch einer Situation den Kopf nur in den Sand steckt, der knirscht bekanntlich mit den Zähnen. Also haben wir ungeplant und reichlich ungelernt begonnen, Seminare, Coachings und Teamtreffen online umzusetzen. Manches war gewöhnungsbedürftig, aber es war großartig, sich wieder begegnen zu können. Eine virtuelle Verbindung war deutlich besser als gar keine.

Sogar die goldene Hochzeit der Eltern wurde mit der Großfamilie online mit einem Zoom-Meeting gefeiert. Das Jubelpaar saß staunend und schmunzelnd vor der Leinwand, auf der alle Gäste zu sehen waren. Beiträge, Spiele, Lieder, Heiterkeit und Tiefgang – wir haben diesen besonderen Tag auf ungewöhnliche Weise begangen.

Wir haben dabei gelernt, dass wir die Kraft entwickeln können, mit dem umzugehen, was uns begegnet. Nicht urplötzlich, sondern mitunter in Zeitlupe. Wir brauchen dafür einen langen Atem und die Gewissheit, dass wir die Welt um uns nur dann wandeln, wenn wir die Welt in uns wandeln.

Wasser zu Wein

Ich würde dem Wunder des Wandels
gern trauen

Wasser zu Wein – uralte Worte

Wasser ist kostbar
den Wein kann ich kaufen

Doch dass da einer ist,
dem ich den Mangel anvertraue,
der zuhört und handelt,
der Sehnsucht in Fülle wandelt -

Das treibt mich um
dem spüre ich nach

Dem Wunder des Wandels trauen

Ich würde vertrauen
reicht für das Wunder nicht aus
vertrauend sag ich:
ich werde

Olaf Hofmann

Diese Sicht auf den Wandel führt aus maximaler Hilflosigkeit zurück in die eigene Kraft und sei sie auch noch so begrenzt. Mich selbst, meine Sicht auf die Dinge, meine Worte, mein Lieben, meinen Glauben, mein Leben – das kann ich durchaus beeinflussen. Und es führt dazu, dass ich wieder in die Wirksamkeit und ins Tun komme.

Wie geht das denn nun, fragst du vielleicht. Was muss ich tun oder lassen, um diesen Wandel in meiner Situation hinzubekommen? Ich will mit einer kleinen Beobachtung aus der Klinik darauf antworten.

In der Intensivstation für Knochenmarktransplantationen lag eine Patientin, noch keine vierzig Jahre alt. Ich besuchte sie häufig, denn in diesen Wochen vor und nach der Transplantation sind die Patienten in ihrem Zimmer von der Außenwelt und Besuchen fast völlig abgeschlossen. Zu ihrer eigenen Sicherheit dürfen sie nicht in Kontakt kommen mit Keimen und Erregern, die wir in der Natur und im Umgang mit anderen Menschen sonst locker wegstecken. Auch ich muss mich als Seelsorgerin genauso wie das Pflegepersonal sorgfältig desinfizieren, und zusätzlich zum obligatorischen Mundschutz mitunter auch einen speziellen Kittel, Haube und Handschuhe tragen. Da kommt man sich schon fast wie ein außerirdisches Wesen vor und es ist gar nicht leicht, durch diese Barrieren hindurch menschliche Nähe, emotionale Wärme und Halt zu vermitteln.

Diese Patientin erzählte mir davon, wie sie sich sehnte nach ihrem bisherigen Leben mit Freunden, nach ihrem Beruf, nach einem guten Espresso, nach Leichtigkeit und Blumen und Spaziergängen im Sonnenschein.

Allein diese Sehnsüchte zu hören, machte mich selbst ganz bescheiden. Denn meistens habe ich all das an einem ganz normalen Tag. Durch solche Begegnungen wird mir deutlich, dass es etwas sehr, sehr Kostbares ist. Wie gerne hätte ich ihr einen Strauß frischer Tulpen ins Zimmer gestellt, weiß ich doch, wie so ein kleiner Blumengruß die Stimmung aufhellt. Doch ich musste mich an die Regeln halten. Es ist nicht erlaubt und es hätte ihr am Boden liegendes Immunsystem gefährdet. Also brachte ich ihr Postkarten mit wundervollen Blumen darauf mit. Immerhin.

Ich staunte nicht schlecht, als ich bei einem nächsten Besuch einen farbenprächtigen Wiesenblumenstrauß in einer Vase am Fenster stehen sah. Sie lächelte über mein verblüfftes Gesicht und winkte mich näher heran. Und jetzt sah ich auch, dass es keine echten Blumen waren, sondern Fantasiegebilde, zusammengebaut aus verschiedensten Legosteinen. Dass es so etwas gibt, hatte ich noch nie gehört, geschweige denn gesehen. Ihr vergnügtes Lachen war Musik in meinen Ohren. Sie hatte ihren Weg gefunden, sich mit Schönheit zu umgeben, ohne sich zu gefährden. So einfach. Genau genommen kinderleicht.

Als ich Olaf davon erzählte, kamen wir ins Sinnieren. Wie geschieht es, dass wir schwere Zeiten wandeln, und was kann uns diese Patientin mit ihrem Lego-Blumenstrauß lehren?

Sie hatte es gelernt, ihre Situation in diesem Moment anzunehmen und begonnen, diese Situation annehmbarer zu machen. Sie träumte sich nicht mehr ständig weg. Sie fragte auch nicht länger: „Warum ist mir das passiert?“ oder „Was habe ich falsch gemacht?“, sie hatte akzeptiert, dass sie auf der Isolierstation lag und für ihr Gemüt verantwortlich war.

Es ist, was es ist.

Ein Satz, den wir von vielen Menschen in Krisen hören. Eine östliche Weisheit bringt es so auf den Punkt: „Wenn man die Dinge versteht, sind sie, wie sie sind, und wenn man sie nicht versteht, sind sie, wie sie sind."

Eine nüchterne Feststellung, die zugleich einen Wendepunkt ermöglicht. Wer in der Lage ist, anzunehmen und wirklich wahrzunehmen, was gerade Sache ist, der wird nüchtern und klar. Und auf einmal entsteht wieder ein Zugang zu dem, was jetzt (noch) möglich ist. Wenn die echten Blumen momentan nicht zu haben sind, dann freue ich mich eben an der bunten Pracht der Legoblumen, wird sich die Patientin gedacht haben. Und genau das ist der Punkt, an dem sich die Situation wandelt und sich der düstere Vorhang der Hoffnungslosigkeit hebt.

> Doch was ist die Bedingung dafür, dass sich eine Krise wandelt und dass es weiter geht?

Fast gleichzeitig fiel uns eine Erfahrung ein, die wir vor einigen Jahren in Grand Cache, hoch in den kanadischen Rockies gemacht haben. Dort gibt es auf einem Felsplateau ein riesiges Labyrinth aus Steinen, was wir sehr bewusst begangen haben. Auf über zweitausend Metern mit gigantischem Weitblick ist das ein besonders eindrückliches Erlebnis. Doch egal wo es angelegt und wie groß es ist, jedes Labyrinth gleicht unserer inneren Landkarte. Wer es betritt, wird die Erfahrung machen, dass der Weg uns führt, wenn wir ihm vertrauen und ihn beherzt weitergehen.

Ein Irrgarten dagegen ist ein Weg, der eher einem Spiel gleicht. Es kommt darauf an, die Sackgassen zu verlassen, um den richtigen Weg zu finden. Ein Labyrinth hat eine komplett andere Intention. Der Weg im Labyrinth führt dich niemals in die Irre. Es ist ein Mitte-Weg, der uns verlässlich zum Ziel in die Mitte leitet, wenn wir ihm folgen.

Das Einzige, was wir dafür unbedingt brauchen, ist ein großes JA, um diesen Weg als unseren Weg zu begreifen. Und dann genügt der Mut zum nächsten kleinen Schritt. Immer nur zum nächsten Schritt. Es geht darum, anzunehmen und dranzubleiben. Auf diese Weise erschließt sich der Weg unter unseren Füßen, geht es laufend Windung um Windung weiter, selbst wenn wir uns damit zeitweise von der Mitte entfernen. Trau dem Weg, du wirst ankommen.

Das ist echt herausfordernd, denn auf dem verschlungenen Weg im Labyrinth verliert man schon mal die Übersicht. Das ist wie im Leben. Auch da verlieren wir zeitweise den Draufblick, bleiben gefrustet oder verletzt in unseren Gefühlen stehen, erstarren förmlich und wagen uns nicht mehr weiter. Doch wer den Glauben entwickeln kann, dass dieser Weg einer ist, der in die Mitte, ins Zentrum führt, der wird vertrauend weitergehen.

> Das große JA, die Annahme einer Situation, das ist der Schlüssel zum Wandel.

Anverwandeln ist ein Wort, was wir bei unseren Klosteraufenthalten gelernt haben. Ein altes Wort, selten im Gebrauch. Anverwandeln bedeutet annehmen, ansehen und durch die Annahme hindurch zu etwas Eigenem, einem Teil von mir machen. Da wird etwas transformiert. Es bleibt nicht das Gleiche. Es wandelt sich in mir und durch meinen Umgang damit. Wer anverwandelt, der hört auf zu kämpfen. Er spricht seine Ängste, Sorgen oder Befürchtungen aus, akzeptiert, dass sie existieren, und lebt in der Gegenwart von Krieg, Krankheit, Krise die kostbaren

Momente viel mehr im Jetzt. Das Leben gewinnt Tiefe durch das JA.

Mit jeder kleinen Erfahrung, die wir teilen, lässt sich mehr über dieses JA und seine Wirkung erkunden. Ich durfte von der Patientin lernen. Von wem kannst oder willst du lernen? Vielleicht hast du ein Beispiel direkt in deinem Umfeld, was dich ermutigt?

Es ist erfahrungsgemäß hilfreich, wenn wir uns bewusst machen, welche Wandlungen und wie viel Transformationen wir schon in unserem Leben bewältigt haben. In dieser persönlichen Erfahrung können wir uns verankern und sie als Ressource nutzen.

WANDEL-IMPULSFRAGEN FÜR DICH

Wenn du magst, beantworte die nachfolgenden Fragen für dich. Sie werden dich mit dem dir innewohnenden Schatz an Erfahrungen verbinden und dich dadurch ermutigen.

- Wo bin ich bewusst drangeblieben und bin vertrauend durch einen Wandel hindurch weiter gegangen?
- Was hat mich dabei geleitet? (Intuition, Glaube, Sinne, Ratgeber, Freunde)
- Welche Erkenntnis, welche Erfahrung hat sich dadurch eingestellt?
- Welche davon dient mir in der gegenwärtigen Situation?

Wandel hat auch eine spirituelle Dimension. Die Transformation, die An-Verwandlung gehört unmittelbar zu einem lebendigen Glauben dazu, denn gerade in der Krise fragen viele Menschen existenziell danach, wo Gott ist. Sie fragen, wie sie das Geheimnis Gottes verstehen sollen, wenn alles infrage gestellt ist. Und bei manchem vertrocknet oder verdunstet die Glaubenskraft in diesen Zeiten.

Eine Krise ist eine Art Radikalität des Nullpunktes. Wir sind zurückgeworfen auf das Fremde, das Ungewisse, das Unvorhersehbare. Darüber hinaus beinhaltet eine Krise neben aller Unsicherheit und Irritation aber auch die Chance zum Wandel und zur Transformation.

> Gott geht mit – das ist die Erkenntnis der großen Wandelgeschichten des Alten Testamentes.

Eine dieser Erzählungen ist vielen Menschen bekannt und in ihrer Dramatik kaum zu überbieten. Da wächst ein junger Mann als Jüngster, als ganzer Stolz seines Vaters heran. Die Eifersucht seiner Brüder auf den Lieblingssohn wird immer wieder zum Thema und mündet beinahe im Brudermord. Immerhin überlebt der junge Mann den Sturz in den Brunnen.

Er wird abgeschoben, verkauft als Sklave an vorbeiziehende Händler. In der Fremde kommt er als Diener in das Haus eines Staatsbeamten, passt sich dem anderen Land mit seinen Sitten und den hohen Erwartungen seines Besitzers an, erwirbt sich dessen Achtung und wird unverhofft wieder gedemütigt durch falsche Anschuldigungen. Er kommt ins Gefängnis, erwirbt sich Respekt und Achtung der Mithäftlinge und erlebt erneut, dass ein Versprechen nicht gehalten wird. Alles bleibt brüchig und schwer.

Doch dann die Chance, einen Traum zu deuten, seine göttliche Begabung an entscheidender Stelle einzubringen und endlich die Möglichkeit, sich zu entfalten und einem ganzen Volk, ja sogar seiner eigenen Familie zum Retter zu werden.

Die Lebenserfahrung dieser vielen Wandel in seinem Leben fasst Josef, der Urenkel Abrahams so zusammen: „Ihr gedachtet es böse mit mir zu machen, aber Gott gedachte, es gut zu machen."

Für Josef ist die Erfahrung des Glaubens ein Begleitetsein. Gott ist für ihn mitgehend, mitleidend und nahe, egal in welche Turbulenzen er gerät.

Wenn jemand formulieren kann, dass Gott dabei ist, wenn auch ganz anders, als er oder sie es sich vorgestellt haben, deutet es auf eine erweiterte Gottesvorstellung hin. Da wandelt sich das Bild vom lieben Gott hin zum unbegreiflichen, entfernten Geheimnis. Und weiter zu einer Ahnung, dass es eine Kraft des Lebens gibt, der wir uns nähern und öffnen können.

Wer für sich erlebt hat und glauben kann, dass ihn ein größeres JA in seinem Leben trägt oder begleitet, wird daraus die Zuversicht gewinnen, anzunehmen, was ihm begegnet, und damit umzugehen. Vielleicht sagt man in so einer Situation: „Mir steht das Wasser bis zum Hals, doch ich taste festen Grund unter meinen Zehenspitzen."

Leben ist komplex, überraschend, anders, einzigartig. Daher gehört Wandel unabdingbar zum Leben dazu. Denke nur an den Wandel, den uns die Natur tagtäglich präsentiert. Tag und Nacht, das Wachsen von Pflanzen im Garten oder im Blumentopf auf dem Fensterbrett, der Übergang der Jahreszeiten. Im Februar ist es unvorstellbar, dass der Wald nur wenige Monate später ein grünes Blätterdach hat oder dass die Felder sich wie gelbe Teppiche voller Raps, Weizen oder Sonnenblumen ausbreiten.

Treffend bringt es Hilde Domin, die jüdische Dichterin, auf den Punkt, wenn sie formuliert: „Es knospt unter den Blättern. Das nennen sie Herbst." Hörst du diese ironische Absage an alle Düsternis, die unkaputtbare Zukunftsmusik, aus den Worten heraus?

Auch wir wollen dich anstiften zu Zukunftsmusik, zu kleinen und großen Wandel-Wundern in deinem Leben. Dabei sind Worte mächtige Verbündete. Möglicherweise macht es einen Unterschied, ob wir von „verändern" oder von „wandeln" sprechen. Ziel der Verwandlung ist es, immer mehr zu sich selbst zu finden, während Veränderung eine Art abrupte Kehrtwende bedeutet, in der man sich von Bisherigem trennt.

Von Pater Anselm Grün haben wir den Gedanken aufgegriffen, dass es darum geht, die ureigenste Identität zu finden und damit das einmalige Bild zu verwirklichen, das Gott sich von mir gemacht hat. Und zu diesem Bild gehört der permanente Wandel.

Wir werden geboren, wachsen vom Kind zum Jugendlichen, reifen als Erwachsene, altern körperlich und entwickeln dabei im besten Fall eine tiefgründige Lebenserfahrung, die wir Weisheit nennen. Wir lernen, haben unterschiedlichste Begabungen und Fähigkeiten, fragen nach unserer Berufung und wachsen an unseren Herausforderungen. Und sind mit unserem Körper abhängig von Luft und Licht, von Wasser und menschlicher Wärme. Selbst wenn wir es nicht wahrnehmen, sind wir als biologische Wesen eingebunden in den großen Rhythmus des Wandels von Tag und Nacht, von Werden und Vergehen.

Wandel gehört zu unserer DNA.

Der Wunsch nach Veränderung im Sinne von Optimierung ist etwas deutlich anderes. Da geht es um den Wunsch, das Beste aus sich und für das eigene Leben herauszuholen. Der Begriff „Optimum" bedeutet „Hervorragender" oder „Bester". Sich nach den Erwartungen von Vorgesetzten, der Familie, der Gesellschaft zu richten, sich zu verändern, um sich diesen anzunähern und sie sogar zu übertreffen, ist das dahinterliegende Ziel. Selbstoptimierung ist folglich ein zwiespältiger Begriff, mit dem solch ein Verhaltensmuster beschrieben wird.

Mitunter entsteht unter diesem Drang, sich an eine äußere Norm anpassen zu wollen ein großer Leistungs- und später ein Leidensdruck. Menschen entfernen sich unmerklich von ihrem eigenen Kern. Sie verändern nicht nur ihre Art der Kommunikation, ihren Freundeskreis, ihre Werte und ihr Zeitempfinden. Sie verlieren ihre Echtheit. Sie gehen sich selbst auf diesem Weg verloren und ihr inneres Feuer droht zu verlöschen. Ein anderer Begriff dafür ist „Burnout".

Vielleicht erkennst du manches davon bei dir selbst oder in deinem Umfeld wieder? Wenn du dich nach einem Wandel in deinem Leben sehnst, wenn du den Druck, dich beweisen, anpassen oder darstellen zu müssen loslassen willst, dann frage wieder mehr nach dir selbst, deinen verschütteten Werten, Wünschen und Wahrnehmungen. Sich wandeln beginnt damit, innezuhalten und zu würdigen was ist. Das Bestehende zu würdigen ist der Beginn jeder Weiterentwicklung. Wir haben dir eine kleine Übung dafür vorbereitet.

WAHRNEHMEN - WÜRDIGEN - WANDELN

Hier findest du Fragen, die deine innere Entwicklung fördern. Unser Vorschlag: Geh immer mal wieder mit jeweils einer Frage spazieren. Nimm dir etwas zum Schreiben mit und suche dir einen Platz auf einer Bank. Oder du nimmst dir ein Sitzkissen mit und suchst dir einen passenden Ort in der Natur. Dort bedenkst du die jeweilige Frage und notierst deine Gedanken dazu.

- Was macht mich zu der Person, die ich bin?
- Welche Fähigkeiten und Begabungen konnte ich bisher entwickeln und entdecken?
- Welche davon ist es wert, weiter gefördert und beachtet zu werden?

- Wer hat einen Anteil daran, dass ich bis hierher gekommen bin und wie kann ich meinen Dank dafür ausdrücken?
- Was tut mir in meinem Alltag nicht gut?
- Was davon will ich sein lassen?
- Wenn ich als alter Mann / alte Frau zurückschaue auf mein Leben, was für ein Mensch möchte ich gewesen sein?
- Was soll sich wandeln, damit es möglich wird, dass ich immer mehr zu diesem Menschen werde?
- Mit welchem Schritt will ich beginnen?

Wandel beginnt stets bei uns selbst und nicht damit, dass wir die anderen ändern wollen oder die Situation oder die Gesellschaft. Und Wandel ist häufig mit dem Schritt ins Ungewisse verbunden. Dafür brauchen wir Mut.

In Psalm 119 heißt es: „Dein Wort sei meines Fußes Leuchte und ein Licht auf meinem Weg." Damit ist kein Flutlicht gemeint und auch kein Halogenscheinwerfer. Diese Leuchte ist eher einer Stirnlampe vergleichbar, die wir aufsetzen, wenn wir noch im Dunkeln zu einer Bergtour aufbrechen. Es reicht für ein paar Meter Leuchtkraft und ermöglicht uns Trittsicherheit für den nächsten Schritt. Mehr nicht. Genügt aber.

Gerade weil Licht für uns Menschen so eine große Wirkung hat, feiern die Skandinavier Mittsommer mit riesiger Begeisterung. Und auch die Wintersonnenwende im Dezember ist solch ein Tag mit viel Bedeutung, den man beachten kann. Wir haben eine Tradition daraus gemacht, Nachbarn und Freunde am 21. Dezember zum Punsch an unser Feuer einzuladen. Gemeinsam freuen wir uns an der Wintersonnenwende, denn auch wenn wir es noch lange nicht wahrnehmen, an diesem Tag ist der Höhepunkt der dunklen Tage erreicht, wandelt sich der Zyklus im Jahreskreislauf hin zum Licht. Das kann gerade dann sehr ermutigend sein, wenn man in der dunklen Zeit durchhängt und sich nach dem inneren Aufbruch, dem Frühling oder Sommer sehnt.

Diese Sehnsucht greift der folgende Text auf, den wir an so einem Abend geschrieben haben. Wir haben ihn mit Fotos und schöner Schrift zu einem Plakat gestaltet und auf die Tür geklebt, so dass wir ihn häufig lesen und er uns den Wandel in Erinnerung ruft.

Wandlung

Wenn das Dunkel am tiefsten ist
wenn die lichten Stunden fehlen
und die Nacht zu siegen scheint

Wenn wir uns sehnen
nach Leichtigkeit und Zukunft
inmitten von Zeiten die zäh und zornig sind

gerade dann beginnt das Neue
bricht sich zögernd Zuversicht die Bahn
werden die Tage länger
tritt Hoffnung hervor

Wintersonnenwende –
den Tagen mehr Leben geben

den Morgen wachküssen
dem JA Gottes aufs Neue vertrauen
mutig einen nächsten Schritt setzen
das Wagnis eingehen
Schritt für Schritt
und unverhofft wird ein Tanz daraus

Beate und Olaf Hofmann

Als Olaf im Frühjahr mit dem Seminar „Grenzgänge für Männer“ im Nationalpark Schwarzwald unterwegs war, fiel ihm auf, wie gestresst und erledigt die Teilnehmer am Freitag aus ihren Autos stiegen. Jeder der Männer kam aus einer übervollen Arbeitswoche mit tausend unerledigten To-dos im Kopf. Dann machten sie sich auf den Weg mit Rucksack und Proviant. Zwei Tage Tourengänge durch Schluchten, über felsige Hänge und dichte Wälder. Geschlafen wurde in Camps unter freiem Himmel. Am nächtlichen Feuer kamen viele Dinge zur Sprache, wurde geteilt, was Mann sonst mit sich allein ausmacht. Schließlich spät in der Nacht die Frage, ob es am nächsten Morgen einen Aufbruch in aller Frühe geben soll, um den Sonnenaufgang auf dem höchsten der nahen Gipfel mitzuerleben. Auch wenn das nur noch wenige Stunden Schlaf bedeutete, alle waren dabei. Vier Uhr ist keine angenehme Zeit zum Aufstehen nach einem intensiven Abend am Feuer. Doch niemand murrte. Schweigend packte jeder seine sieben Sachen, schulterte den Rucksack und stapfte im dürren Lichtschein der Stirnlampe bergan.

Anderthalb Stunden später standen sie stumm und ergriffen auf dem felsigen Plateau, beobachteten wie sich der blassblaue Himmel am Horizont hellgelb verfärbte, wenig später in ein weiches Orange überging und wie die aufgehende Sonne schließlich strahlend ihr goldenes Licht über die Bergkuppen und Wälder ergoss.

Staunen, Demut, Dankbarkeit – diese drei Worte hat Olaf später in seinem Tagebuch notiert. Es war ein magischer Moment, der alle mit neuer Lebenskraft flutete. Die Strapazen des Aufstiegs waren bedeutungslos. Der Stress der letzten Woche verflogen. Die Freude tief im Herzen übermächtig. Alles hatte sich gewandelt.

Als sie zum Abschluss eine kleine Coaching-Übung mit einem Seil auf dem Boden machten und sich jeder auf dieser Skala mit seinem inneren Befinden zwischen 0 und 10 zuordnete, standen die Männer dicht an dicht am oberen Ende. Keiner hätte gedacht, dass dieser Wandel in solch kurzer Zeit möglich sei. Niemand hatte sich ausgeruht und doch waren alle in ihrer Seele aufgeladen. Sie hatten eines der Schwellenrituale erlebt, die einen Wandel sichtbar machen.

Anstrengung und Freiheit. Dazwischen liegt Glück!

Olaf beschreibt es gerne so, dass eine Draußen-Nacht zwei Pole hat: Anstrengung und Freiheit. Dazwischen liegt Glück! Denn natürlich ist es anstrengend, sich auf den Weg zu machen, um die Freiheit zu nutzen, die wir vor der Haustür haben. Den Rucksack packen mit Isomatte und Schlafsack, ein Picknick machen und sich auf die Basics reduzieren. Der Wind, die Sterne, aber auch die Mücken, der unebene Boden unter der Matratze und die ungewohnten Geräusche – alles ist pur. Man ist dem schutzlos ausgeliefert.

Aber zum Glück nicht für immer. Denn jeder Draußen-Nacht folgt ein Tag. Und an dem macht sich ein erhabenes Gefühl breit, das Gefühl von Freiheit und bestandenem Abenteuer. Man hat eine Grenze überschritten. Hat die Bequemlichkeit verlassen, ist eingetreten in das Nicht-Alltägliche und hat erlebt, dass die Natur ein Ort der Resonanz und des elementaren Wandels ist, der uns Menschen guttut.

Wer die Sonne unter- und den Mond aufgehen sieht, den ersten schimmernden Stern am Nachthimmel entdeckt, aus Sternbildern Figuren träumt und den hellen Ruf eines Käuzchens aus dem Dunkel vernimmt, wird achtsamer und ist wieder ganz präsent.

Wenn du es ausprobierst – und sei es nur für ein abendliches Picknick am Waldrand oder Fluss oder im Park, lässt du damit deine Lebenslust von der Leine und spürst, da draußen gibt es noch viel mehr: das Rauschen des Windes in den Bäumen, den funkelnden Tanz der Glühwürmchen, den Schimmer des Mondlichtes.

Wir selbst empfinden es so, dass wir Gottes schöpferischer Urkraft des Lebens in der Natur wieder neu begegnen. Wir gehen gerne solo hinaus, weil das die intensivste Form des Erlebens ist und Stille ermöglicht. Doch wer die Wärme eines Feuers und einige Gleichgesinnte um sich hat, der wird ebenfalls merken, dass die Gespräche in so einer Umgebung eine tiefere Dimension erreichen. Sie rühren etwas in uns an, was zwischen Rasenmähen und Tagesthemen verloren geht.

Sie verbinden uns mit unserer tiefsten Sehnsucht, mit dem innersten Kern, mit dem, wie Gott uns gewollt hat. Und damit wird die Ausrichtung wieder klarer, ist es möglich, die nächste Windung im Labyrinth des Lebens zu gehen.

Vor allem draußen unter dem weiten Himmel entstehen Texte wie dieser, den Olaf auf dem Trophy Mountain in Westkanada schrieb. Vielleicht möchtest du darunter einen eigenen Text schreiben, der deinen Aufbruch und Wandel begleitet?

Tanze das Leben.
Spiele die Zukunft.
Singe den Dank.
Lache über das Gestern.
Nasche vom Morgen.
Träume die Welt
und
hoffe.

Olaf Hofmann

Mein eigener Text:

KAPITEL 3

Eine Frage der Haltung

Sich aufrichten und ausrichten

WORUM ES GEHT:

Vertrauen als leiseste Form von Mut
Halt durch Haltung
Sackgassen- und Wachstumsdenken

ÜBUNGEN:

Fürsorge – vier Fragen zur Reflexion
David-Prinzip

TEXT:

Bemerkenswert (Seite 59)

Jedes Mal, wenn wir ein neues Buchprojekt beginnen, ist die Vorfreude riesig und es stellen sich zeitgleich die Zweifel ein. Wir fragen uns dann, ob das Thema „dran" ist, ob es die Bedürfnisse der Leserinnen und Leser wirklich trifft, ob wir die richtigen Worte treffen und Geschichten finden, die das Herz erreichen.

Schließlich gibt es unzählige lebenskluge, erfahrene Autorinnen und Autoren, Coaches und Lebensbegleiter, Psychologen und Philosophen, Persönlichkeiten, deren Rat wir sehr schätzen. Daher fragen wir uns ganz grundsätzlich, ob wir etwas beizutragen haben und mit unserer Sicht auf die Fragen nach dem gelingenden Leben einen Mehrwert bieten. Noch schwerer wird es, wenn wir in so einer Phase einen Buchladen betreten und all die vielen guten Bücher sehen, die es zu kaufen gibt, zu toppen nur noch mit dem Besuch der Buchmesse und den jährlich bald 90.000 Neuerscheinungen.

Das Gefühl, dass alles schon geschrieben ist, erstickt jeden kreativen Gedanken und verunsichert bis ins Mark. Wieso sich also die Mühe machen, Stunden am Schreibtisch oder in den Absprachen mit Lektorat und Verlag zu verbringen, um dieses Buch zu schreiben?

In solchen Momenten fühlen wir uns unsicher und verletzlich. Und genau das ist menschlich. Wir alle sind soziale Wesen, die sich nach Verbundenheit sehnen und dennoch ihren eigenen Weg gehen. Wir sind stark und schwach zugleich, zögernd und unverdrossen, voller Ideen und dann wieder zweifelnd.

Jede und jeder von uns hätte gerne die Sicherheit, dass sich lohnt, was wir tun und wofür wir uns einsetzen. Egal ob das unser Beruf ist, die Erziehung von Kindern, die Betreuung der alt gewordenen Eltern oder das Ehrenamt in einer Gemeinde. Machbarkeit hat ihre Grenzen. Wir können unser Bestes geben. Doch darüber hinaus brauchen wir in allem eine Haltung des Zutrauens.

Als Buchautoren geben wir unser Wissen, nehmen uns Zeit für Recherche und zum Schreiben und wir steuern unsere Lebenserfahrung bei. Doch dann geben wir das Projekt frei. Wir vertrauen, dass das Thema dran ist, dass die Lektorin das Manuskript auf Hochglanz poliert, dass die Grafikerin die Texte ansprechend gestaltet und wir vertrauen den Leserinnen und Lesern, die das Buch mit Interesse auswählen, es nutzen, verschenken oder weiterempfehlen.

Vertrauen, heißt es, sei die leiseste Form von Mut.

Also vertrauen wir darauf, Menschen zu stärken und lösen uns von dem Gedanken, die Bestsellerlisten zu stürmen oder die ganze Welt retten zu wollen.

Wenn das erstmal klar ist, dann passiert etwas. Unsere innere Einstellung wandelt sich und damit auch die Haltung dem Vorhaben gegenüber. Die Anspannung löst sich, der Erwartungsdruck reduziert sich und es fühlt sich an, als hätte einem jemand die Last von den Schultern genommen. Wir können wieder befreit durchatmen, den Kopf heben und die Schreibfreude stellt sich von Neuem ein.

Diese Erfahrung lässt sich auf viele Situationen übertragen. Prüfe doch mal, welcher Gedanke dich selbst in letzter Zeit besorgt oder belastet. Fragst du dich, wie du die neue Kollegin einarbeiten sollst, wenn dir der zeitliche Freiraum dafür fehlt? Macht dir deine Tätigkeit keine Freude mehr, weil du dich mit deinen Fragen alleingelassen und überfordert fühlst? Oder hast du Angst davor, die ständigen Veränderungen im Unternehmen nicht so rasch zu begreifen wie der junge Kollege und befürchtest berufliche Nachteile davon? Vielleicht hast du nach einem Umzug die Sorge, keinen Anschluss zu finden und fühlst dich einsam. Oder du denkst, wie soll ich Kinder, Beruf, Partnerschaft und meine Bedürfnisse eigentlich unter einen Hut bekommen? Die Zeit fehlt hinten und vorne. Wenn das so weitergeht, brenne ich aus oder durch. Solche Gedanken können richtig belastend sein. Du kannst ihnen mit Selbstfürsorge begegnen und die Wucht nehmen.

FÜRSORGE – VIER FRAGEN ZUR REFLEXION

Hier eine kleine Übung zur gedanklichen Fürsorge. Stelle dir die vier folgenden Fragen zur Reflexion.

1. Ist das tatsächlich so, wie ich es empfinde?
2. Sehen andere das genauso wie ich?
3. Hilft mir meine Sichtweise / mein Gedanke, dass ich gesünder und zufriedener werde?
4. Hilft mir dieser Gedanke, meine Ziele zu erreichen?

Wenn du nur eine einzige Frage mit „nein" beantwortest, dann ist das ein untrüglicher Lockruf, etwas zu verändern. Entscheide dich, deinen Gedanken, deine Sichtweise zu verändern. Denn dein Denken bestimmt deine Haltung und deine Haltung bestimmt dein Handeln, und das beeinflusst dein Leben. Es liegt bei uns, unser Denken zu wandeln, um unsere Haltung und damit unsere Möglichkeiten zu erweitern.

„Wachstumsdenken" oder auf Englisch „Growth Mindset" nennen das die Forscher. Carol Dweck, eine Psychologin der kalifornischen Stanford University beobachtete Schülerinnen und Schüler beim Lösen schwieriger Aufgaben. Da gab es tatsächlich etliche, denen es Spaß machte, an den Aufgaben zu tüfteln. Für sie war es offenbar spannend, Lösungen zu finden und sich dabei auszuprobieren. Andere hielten die Aufgaben für zu kompliziert, gaben rasch auf und waren frustriert, weil sie glaubten, dass das für sie viel zu schwer sei. Manche trauten sich nicht weiter, aus Angst, Fehler zu machen.

Für die Forscherin war es spannend zu erkunden, weshalb manche Kinder auf diese Herausforderung mit Interesse und Lernbereitschaft reagierten, während andere demotiviert und gefrustet waren. Dweck fand heraus, dass der Unterschied im Mindset der Kinder, also in ihrer gedanklichen Haltung in Bezug auf ihre eigenen Fähigkeiten, lag.

Es gibt Menschen, die glauben, dass ihre Fähigkeiten feste Eigenschaften sind, die sich nicht verändern lassen. Andere dagegen gehen davon aus, dass sie ihre Fähigkeiten durch stetiges Lernen verändern und erweitern. Die Psychologin fand heraus, dass wir es lernen können, unsere Möglichkeiten zu weiten und zu wachsen, indem wir uns für etwas begeistern. Forschungen zeigen, dass es nicht nur Talent oder die momentanen Fähigkeiten sind, die bestimmen, was einem Menschen möglich ist. Deutlich entscheidender ist die Haltung, die Herangehensweise.

Wie gehst du an deine persönlichen Herausforderungen und an schwierige Aufgaben heran? Befrage dich selbst:

- Halte ich für möglich, dass ich einen Schritt weiterkomme?
- Halte ich für möglich, dass ich Fehler machen darf und sie mir sogar zu Helfern werden?
- Halte ich für möglich, dass ich die Fähigkeit habe, mein Leben und mein Denken in dieser Situation zu entwickeln?
- Denke ich, dass ich etwas nicht kann oder dass ich etwas „noch“ nicht kann?

Albert Schweitzer, der sich als Professor für Theologie und Philosophie mit dreißig noch entschloss, ein Medizinstudium zu beginnen, um später als Arzt im afrikanischen Busch Menschen zu heilen, hat gewusst, welche Kraft darin liegt, Dinge für möglich zu halten. Seine Begeisterung für dieses Ziel war so groß, dass er bereit war, seine Fähigkeiten zu erweitern und sich darauf auszurichten. Er formuliert es so: „Die größte Entscheidung deines Lebens liegt darin, dass du dein Leben ändern kannst, indem du deine Geisteshaltung änderst".

Deshalb fragen wir dich an dieser Stelle: Was möchtest du in deinem Leben noch lernen? Welche innere Haltung willst du hinterfragen und entwickeln? Was darf leichter und spielerischer statt verbissen gehen? Was willst du noch bewegen? Wofür willst du dich engagieren und welchen Unterschied willst du dadurch in deiner Mitwelt machen? Welche Zukunft willst du gestalten und welche Haltung brauchst du dafür?

Denn neben dem Wachstumsdenken gibt es auch eine Art Sackgassen-Denken. Diese Haltung wird als festgelegtes Denken oder „Fixed Mindset" bezeichnet. Das passiert jedem von uns von Zeit zu Zeit. Wir sind frustriert, denken, dass etwas keine Chance hat, und lassen die Schultern hängen. Wir versuchen es nicht weiter, weil wir davon überzeugt sind, dass es keine Wirkung hat. Nützt ja doch nichts, signalisieren wir damit nicht nur anderen, sondern auch uns selbst.

Kein Wunder, dass es dann schwer wird, die neue Software zu begreifen, sich nach dem Streit auszusprechen, den Selbstzweifel loszuwerden und sich zu bewerben oder die drei Kilo abzunehmen.

Stellt sich die Frage, wie wir aus dem festgelegten Denken rauskommen hin zu einer inneren Haltung, die Weite und Wachstum für möglich hält?

Einen wichtigen Schlüssel zur Veränderung haben wir schon im ersten Kapitel benannt. Daran wollen wir hier anknüpfen. Dieser Schlüssel heißt: Bemerken. Es gilt zu bemerken, was du denkst, welche Haltung du zu einem Thema oder Vorhaben hast. Wenn du genau hinschaust, wirst du wahrnehmen, ob das wirklich deine eigene Haltung ist. Manchmal übernehmen wir etwas, ohne die Dinge zu hinterfragen, nur weil alle das so machen.

Vor allem gilt es zu bemerken, wo du in deinem Alltag bereits ein erweitertes Denken praktizierst.

- Wofür kannst du dich begeistern?
- Wobei fühlt es sich leicht an?
- Was ist dir gelungen und was hast du dir Stück für Stück erarbeitet?
- Wo hattest du Erfolg, hast dich entwickelt und dabei deinen Horizont erweitert?

Vielleicht inspiriert dich der nächste Text dazu, die besonderen Momente in deinem Leben mehr als bislang zu bemerken, um dich daran zu freuen. Das ist ein erster und einfacher Schritt, die Haltung zu öffnen und dein Glück zu multiplizieren.

Bemerkenswert

Jeder Augenblick deines Lebens zählt
Es ist die Summe der bewusst gelebten
Momente,
die wir Fülle des Lebens nennen

Jeder Atemzug zählt
Jedes zarte Lieben zählt
Jedes Seufzen zählt
und jede Träne
Jede Frage zählt –
auch wenn du keine Antwort weißt
Jedes Lächeln zählt –
auch das, was nicht von Dauer ist

Das Geheimnis der Glücklichen
ist nicht die Fülle an Glück
Es ist die Kunst
zu bemerken, was zählt
und zu teilen,
was bemerkenswert ist

Beate Hofmann

Ein zweiter Türöffner oder Schlüssel hin zum „Growth Mindset“, zu einer zukunftsmutigen Haltung, ist das kleine Wörtchen „noch“. Das ist nämlich richtig großartig. Es öffnet die Tür zu einer Möglichkeit, die eben noch nicht da ist, aber sich schon in Kürze eröffnen oder ereignen kann.

Wir alle kennen das mulmige Gefühl, Neuland zu betreten – im Beruf oder in einem unbekannten Kreis von Menschen. Auch wer eine Sprache, ein Instrument oder eine Sportart lernen will, erlebt sich als Anfänger. Anstatt zu sagen: Das kann ich nicht oder das ist unmöglich, kann ich mit dem kleinen „noch“ einen großen Unterschied machen. Das kann ich „noch“ nicht, das beherrsche ich „noch“ nicht, das verstehe ich „noch“ nicht oder das schaffe ich „noch“ nicht klingt völlig anders.

Da ist jemand auf dem Weg. Da traut sich jemand zu sagen, dass er noch nicht so gut ist. Und zugleich wird deutlich, dass dies nicht der Endzustand, sondern eine Etappe auf dem Weg zum Ziel ist. Das macht neugierig, fordert Respekt, Mitgefühl oder Toleranz. So kannst du an einer Aufgabe wachsen, statt an ihr zu verzweifeln oder zu resignieren.

Ein dritter Schlüssel, Dinge für möglich zu halten und dadurch ins Handeln zu kommen ist spiritueller Natur. Davon können wir in zahlreichen biblischen Geschichten lesen. Wie zum Beispiel in der des Hirtenjungen, der unverhofft in einer kriegerischen Auseinandersetzung landet, als er seinen Brüdern Proviant ins Heereslager bringt. Er wird Zeuge einer höhnischen Drohung durch den übermächtigen Kämpfer Goliat, die er völlig anders angeht als das komplette Umfeld. Während sich die Recken verstecken, besinnt sich der junge Mann auf das, was seine Stärke ist, und was er gut kann. Er sammelt Steine für seine Schleuder, die er als Hirte nutzt, um wilde Tiere abzuwehren. Und er besinnt sich auf Gott, den er als verlässliche Kraft in seinem bisherigen Leben erfahren hat. Dieser Kraft Gottes vertraut er sich in der beängstigenden Situation an. Wörtlich sagt er: „Der HERR, der mich aus der Gewalt des Löwen und des Bären gerettet hat, wird mich auch aus der Gewalt dieses Philisters retten."

Wir wissen alle, wie der Kampf David gegen Goliat ausging. Man könnte etwas salopp sagen: Alle dachten, das geht nicht. Dann kam einer, der wusste das nicht und hat es einfach gemacht. Die Haltung Davids ist eine, die glaubend für möglich hält, dass ein Mensch, der seine Fähigkeiten einsetzt und sich vertrauend nach vorne wagt, etwas Großes bewirken kann. Das bezeichnen wir als einen sprirituellen Schlüssel zum „Growth Mindset". Auch wenn diese Geschichte über dreitausend Jahre alt ist – sie kann uns etwas lehren über die Haltung, die in Krisen handlungsfähig macht.

Die fünf Elemente dieser Haltung lassen sich an einer Hand abzählen, sich dadurch gut merken und für die eigene Situation als Türöffner zu einer erweiterten Haltung nutzen. Wir haben sie das „DAVID-Prinzip" genannt.

DAS DAVID-PRINZIP

D – Draufsicht: Betrachte die Situation mit einem Außenblick.
A – Achtsamkeit: Nimm wahr, worum es wirklich geht.
V – Vertrauen: Traue dem, was deiner Seele Kraft gibt.
I – Initiative: Handle, indem du deine Möglichkeiten nutzt.
D – Demut: Diene anderen mit deinem Herzensmut.

Vor allem an den Grenzen der Behaglichkeit, in brüchigen, herausfordernden und schweren Zeiten unseres Lebens brauchen wir eine kraftvolle Haltung. Nicht immer haben wir so wie David die Wahl, ob und wie wir uns einbringen wollen. Häufig ähneln die Herausforderungen einem Sturm, einer Naturgewalt, die in unser Leben hereinbricht oder darüber hinwegfegt.

Je nach Lebensphase sind das ganz verschiedene Stürme, die drohen, uns umzuwerfen oder zumindest ins Wanken zu bringen:

- die Absage im Bewerbungsprozess, weil jemand anderes besser zu der Stelle passt
- eine Fehlgeburt, statt der erhofften guten Schwangerschaft
- die Trennung des Partners / der Partnerin, durch die ein ganzes Familiensystem ins Wanken kommt
- die Diagnose einer Krankheit und der damit verbundene Verlust von vielen Möglichkeiten und Freiheiten im Leben
- die Erkenntnis, dass es für den erhofften Karriereschritt nicht mehr reicht und man zu alt für einen Umstieg ist
- die Heimatlosigkeit und Zerrissenheit nach der Rückkehr aus einem langen Auslandsaufenthalt
- eine Kündigung durch die Umstrukturierung oder Insolvenz des Unternehmens
- die Sorge, ein Haus nicht mehr abbezahlen zu können, weil sich private Umstände geändert haben
- ... und so viel mehr.

Was sind die Sturmböen, die momentan über dich hinwegfegen? Hast du tiefe Wurzeln ausprägen können, die dich halten? Welche Stürme oder Windböen hast du in deinem Leben ausgehalten, welchen hast du getrotzt und welche hast du überlebt, ohne daran zu zerbrechen?

Es lohnt sich, dies zu bedenken und das Bewusstsein zu entwickeln, dass auch das einen Dank wert ist.

> Du lebst! Du bist bis hierher gekommen.
> Das ist nicht selbstverständlich.

Kürzlich erhielten wir Post von kanadischen Freunden. Sie schrieben, dass er kürzlich die Diagnose Demenz erhalten hat. Sie beide haben eine ganze Weile gebraucht, um das zu verdauen. Jetzt hätten sie ihren Weg gefunden, besser als noch vor einigen Wochen, damit umzugehen. Sie haben beherzt reagiert, ihr Blockhaus am See verkauft, sind in die Stadt gezogen, und statt viel zu reisen, kümmern sie sich um ihre tierischen Mitbewohner. Eine Katze und zwei kleine Hunde sind für sie sehr bedeutsam geworden.

Was uns nachdenklich machte, waren diese Sätze: „Wir leben mit ganzer Kraft im Jetzt. Wir zelebrieren Vorfreude auf ein Ereignis, als wäre es die Sache selbst. Es ist ein wenig wie bei einem zweijährigen Kind, was sich unbändig auf den versprochenen Besuch auf dem Spielplatz freut. Auch wenn es sich an diesen Tag bald nicht mehr erinnert, aber allein die Aussicht auf das Erlebnis macht unglaublich viel Spaß. Auch wenn es anstrengt, immer wieder auf die sonnige Seite des Lebens zu wechseln, wir bleiben dran."

Was für eine Haltung! Wir sind unseren Freunden sehr dankbar, dass sie diese Erfahrung und ihre Empfindungen mit uns teilen. So können wir Anteil nehmen und sie aus der Ferne mit begleiten.

Zu oft sind wir, so wie die meisten Menschen, nur in den jeweils eigenen Lebenswelten gefangen. Doch eine kraftvolle Haltung zu entwickeln, in der einen der Sturm des Lebens nicht aus den Schuhen kippt, das ist eine Aufgabe, die uns alle angeht. Dafür tut es nicht nur gut, sondern es ist Not-wendend, sich auszutauschen.

Stell dir einen alten Baum vor. Knorrig und windschief steht er da, doch er krallt seine Wurzeln tief in den felsigen Grund und trotzt den Stürmen. Wir haben etliche solcher Bäume fotografiert, denn es braucht kaum Worte, wenn wir solch ein Foto im Vortrag zeigen. Es spricht für sich und regt an, nach den eigenen Wurzeln und den stabilisierenden Kräften zu fragen, die uns Halt geben.

Physiker und Biomechaniker lernen von Bäumen, wie sich Zug- und Druckkräfte so verteilen lassen, dass ein Bauwerk stabil bleibt. Warum nicht auch fürs Leben von ihnen lernen?

Bäume werden bis zu 70 Meter hoch und mit ihrer Krone bieten sie natürlich eine große Angriffsfläche für den Wind. Daher kommt es auf die Beschaffenheit von Boden, Baumart und Klima an, welche Art von Wurzeln sie ausprägen. Es gibt Wurzelwerk, was flach und immens weit um sich greift. Der Halt entsteht durch die große Fläche, die durchdrungen wird.

Vielleicht passt dieses Beispiel gut zu Menschen, die sich mit einem großen sozialen Netz umgeben. Sie kennen alle und jeden. Für jedes Anliegen finden sie jemanden im Freundes- oder Bekanntenkreis, der ihnen weiterhilft. In dieses soziale Wurzelwerk investieren sie ihre Energie, ihre Zeit und ihre Liebe, so dass es über die Zeit stark ausgeprägt und gut verwoben ist.

Doch es gibt auch Pfahlwurzeln, die nicht weit und flächig angelegt sind, sondern die tief in den Boden reichen. Auf diese Weise ermöglichen auch sie stabilen Halt. Tiefwurzler – so bezeichnen wir vor allem die Menschen, welche die Kraft der Spiritualität, den Halt im Größeren, die Verankerung in philosophischer Weisheit nutzen. Sie verbinden sich ganz bewusst mit Sinn, Schönheit und dem Urgrund des Seins.

Wurzeln auszuprägen, bleibt eine lebenslange Aufgabe für jede und jeden von uns. Im Bild der Natur gesprochen, geht es um die Kraft, verschiedenste Bodenschichten zu durchdringen, um Nährstoffe und Halt zu finden.

Übrigens gibt es auch sogenannte Herzwurzler. Die Botaniker zählen Walnuss, Winterlinde und Buchen dazu. Diese Bäume kombinieren tiefe und seitliche Wurzelformen. Sie sind die Allrounder. Egal welche Form von Wurzelwerk – alles hat seine Berechtigung und jedes Beispiel hinkt. Doch vielleicht hast du den Impuls mitgenommen, deine eigenen spirituellen und sozialen Wurzeln stärker zu beachten, um Halt zu finden in den herausfordernden Zeiten.

Wer sich innerlich gut verankert, wird unabhängiger von den negativen Denkmustern oder medialen Angst-Szenarien, die in globalen Krisen eine große Wucht entwickeln.

Darüber hinaus findest du dann nicht nur selbst guten Halt, sondern wirst auch anderen in deinem Umfeld Orientierung und Kraft geben können.

Bisher haben wir über Haltung in Bezug auf zumeist innere, seelische Prozesse gesprochen. Doch es gehört zwingend dazu, dass wir auch über physisches Aufrichten, über eine bewusste und verwandelte körperliche Haltung reden. Denn beides geht Hand in Hand. Wer sich neu ausrichten will, der sollte den Kopf heben, statt auf die Scherben im Leben zu starren.

Embodiment wird der Zusammenhang zwischen äußerer und innerer Haltung genannt. Genau genommen geht es um die Verkörperung von dem, was wir fühlen, erleben, erfahren. Wer gerade erfahren hat, dass er eine schwierige Prüfung bestanden hat, der könnte vor Freude und Erleichterung in die Luft springen. Und auch wenn er das nicht tut, so sieht jeder an dem glücklichen Gesichtsausdruck, am beschwingten Schritt oder an der entspannten Haltung, dass es ihm gut geht.

Interessant wird es, wenn wir diesen Zusammenhang nicht als Einbahnstraße von seelischem zu körperlichem Empfinden verstehen, sondern die Wechselwirkung zwischen beidem im Alltag nutzen. In vielen Übungen der Achtsamkeit heißt es: Schenke dir selbst ein Lächeln. Das hat seine Berechtigung. Denn dadurch hebt sich nicht nur der Mundwinkel, sondern auch unsere Laune. Sie richtet uns von außen nach innen auf.

Olaf erinnert sich gerne zurück an seinen Großvater, der ihn als sechsjährigen Bub mit in den Garten nahm und ihm zeigte, wie man Beete anlegt, Saat ausbringt und Beeren erntet. Oft war die Arbeit im Garten anstrengend, doch das Beste und offensichtlich Eindrücklichste für den Jungen war das Ende eines solchen Nachmittages.

Dann stellte der Alte den Spaten, die Gartenschere und die Eimer in den Schuppen, bestand darauf, dass die Hände gewaschen würden und machte zusammen mit dem Kleinen einen letzten Rundgang durch die schmalen Wege zwischen Beeten und Büschen. Zu sehen, was geworden war. Sich zu freuen über die Früchte der Arbeit, statt zu planen, was der nächste Schritt ist, oder einfach so in den Feierabend zu schlittern, diese Haltung war unbeschreiblich schön. Olaf erinnert es so: Ein zufriedenes Gefühl der Dankbarkeit legte sich über den Tag und machte sich wohlig warm im Herzen breit. Wir waren glücklich und stolz und unwillkürlich richteten sich unsere müden Schultern auf. Bis heute beherrscht Olaf diese Übung, eine Sache gut sein zu lassen und ich lasse mich gerne davon anstecken.

Wir wissen aus etlichen Studien, dass die letzten dreißig Minuten eines Abends eine große Wirkung haben auf die folgenden acht Stunden. Dass wir besser schlafen, wenn wir nicht bis zum Schluss in den Computer oder auf den Fernsehbildschirm starren, sondern dass es guttut, den Tag in Ruhe ausklingen zu lassen. All das war dem Großvater nicht bewusst, er folgte einfach seinem Rhythmus und hörte auf das, was sein Körper ihm sagte.

Über die Kraft der Dankbarkeit schreiben wir in einem weiteren Kapitel noch mehr. Für jetzt genügt es zu wissen, dass es bei uns selbst liegt, welche Haltung wir dem Leben und diesem Tag gegenüber einnehmen wollen.

Wie wäre es, wenn du heute als Abschlussritual des Tages einmal gedanklich deinen „Garten" abschreitest und dich freust an allem, was geworden ist?

KAPITEL 4

Zuversicht wagen

Das Gute für möglich halten

WORUM ES GEHT:

Wenn nichts mehr geht, geh
Grünkraft und Vitamin N
Die Kraft der positiven Emotionen

ÜBUNGEN:

Fünf Schritte der Zuversicht
Das Gute bemerken – 10 Inspirationen

TEXTE:

Ostermorgen (Seite 72)
Gott ist mir nahe (Seite 78)

Der Moment, wenn die ersten Schneeglöckchen und Krokusse aus der spinatfahlen, noch tristen Wiese hervorlugen, ist einfach grandios. Jedes Jahr von Neuem freuen wir uns daran. Schneeglöckchen sind für uns zarte, grün-weiße Boten der Zuversicht. Mit ihnen verspricht der Frühling, auf jeden Fall zu kommen. Er wird sich weder von Schneestürmen noch Schmuddelwetter oder eiskalten Nächten davon abhalten lassen. Versprochen!

Die Verheißung des Frühlings hört sich ungefähr so an: Da kommt was, auf das du dich freuen kannst. Es kommt auf jeden Fall! Lass dich nicht einschüchtern von den Momenten, in denen es so scheint, als wäre der Winter unendlich lang. Der Aufbruch kommt, die Bäume werden Blätter treiben und die Blumen duftend ihre Blüten entfalten. Das kannst du glauben!

Ostern passt unglaublich zum Frühling. Ein Fest des Aufbruchs, der Auferstehung, der Verheißung des Lebens. Ostern verlockt uns jedes Jahr zu einem Feuer unter dem offenen Himmel, an dem wir uns gegenseitig Geschichten der Hoffnung und des Gelingens erzählen und manchmal entsteht dann ein Text wie dieser:

Ostermorgen

Aufstehen aus dem Dunkel
unserer Befürchtungen,
Ängste, Sorgen.

Aufstehen und loslassen.

Zurücklassen,
was leblos, bedrückend, zerstörend ist.

Aufstehen und sich dem Licht zuwenden,
dem Ruf des Lebendigen folgen,
den nächsten Schritt wagen,
die Lähmung durchbrechen.

Aufstehen zum Leben in Fülle.
Dem Auferstandenen begegnen
und mit einem JA im Herzen das Unmög-
liche wagen.

Im Vertrauen, dass der Stein längst weg-
gerollt ist.

Beate Hofmann

An so einem ersten Frühlingstag verkündete Olaf: „Ich werde im Sommer den Olavsleden laufen." Diese Idee überraschte mich nicht. Er liebte schon immer die großen sportlichen Herausforderungen. An seinen ersten Marathon in Frankfurt und die Anspannung im Vorfeld erinnere ich mich noch heute. Als er, im Team mit unseren kanadischen Freunden, den berüchtigten „Death Race", einen Ultramarathon in den Rocky Mountains über zerklüftete Berge, durch pure Wildnis gelaufen ist, habe ich mitgefiebert und die prickelnde Freude beim Zieleinlauf geteilt. Doch jetzt ist die Lage eine andere.

Leistungssport – das war einmal. Seit einem Jahr wissen wir um die Krankheit in seinem Körper. Die Diagnose Sarkoidose und die damit verbundene Schwäche in den Muskeln ist nicht zu leugnen, auch wenn er im Alltag gut damit umgeht.

Einen Weitwanderweg in Norwegen solo zu laufen, ist allerdings eine andere Nummer. Was, wenn er der körperlichen Herausforderung nicht mehr gewachsen ist? Was, wenn die Beschwerden in der Lunge plötzlich wieder heftiger werden?

Der Olavsweg ist der nördlichste Pilgerweg Europas. Er führt über 600 Kilometer von Oslo aus Richtung Trondheim, vorbei am größten See Norwegens, dem Mjøsa, durch das Gudbrandstal hinauf zu den Höhen des kargen Dovrefjells und dann durch tiefgrüne Wälder, über Hochmoore bis ans nördliche Meer.

Ich schlucke, lasse die Worte sich setzen, sage erstmal nichts. Dafür rattern die Gedanken in meinem Kopf wie eine alte Achterbahn, steil bergauf, dann rasant bergab. Sie drehen sich im Kreis und münden in der Frage, ob das wirklich eine kluge Idee ist. Ich schweige, schaue Olaf an und sehe, wie seine Augen leuchten, als er mir davon erzählt, den Rucksack einmal mehr zu packen, Schlafsack,

Zelt und Isomatte aus dem Keller zu holen und sich auf den Weg zu machen. Zumal auf einen Weg, der sogar seinen Namen trägt. So gesehen ist es sein Weg.

Wir wissen beide, dass ich ihn nicht begleiten werde. Meine Urlaubstage sind begrenzt und längst verplant. Und dann gibt es noch unsere treue alte Hündin, die wir auf wilde Touren nicht mehr mitnehmen können.

Doch ich verstehe Olafs Sehnsucht, sich körperlich auszutesten und im Gehen die Gedanken unter die Füße zu nehmen, statt nachts wach zu liegen und sich zu fragen, was die Zukunft bringt. Außerdem wissen wir sehr gut, dass seelische Kraft, Gesundheit und Grünkraft viel miteinander zu tun haben. Wir nennen es grüne Resilienz, haben darüber geschrieben und Vorträge gehalten.

Schon Hildegard von Bingen kannte das Phänomen der Grünkraft und formulierte es so:

„Es gibt eine Kraft aus der Ewigkeit und die ist grün."

Forschungen der Umweltpsychologie, Natursoziologie und Naturpsychologie sind noch relativ jung. Doch es gibt einige Erkenntnisse, die für uns alle anwendbar sind. Natur hat eine unmittelbare Wirkung auf Gesundheit, Gelassenheit und Glücksempfinden von Menschen. Die verschiedensten Grüntöne, das Rauschen der Bäume, der Ruf des Milans oder das Gezwitscher der Vögel in den Sträuchern – das alles erweitert unser sinnliches Wahrnehmen und senkt den Stresspegel. Natur tut der Psyche richtig gut!

Sich mal nicht auf den Bildschirm, das Handy oder auf den Straßenverkehr zu konzentrieren, sondern stattdessen in die Weite zu schauen, Schmetterlinge zu beobachten und in die Sonne zu blinzeln, das wirkt Wunder. Genau genommen wirkt es wie ein großer innerer Scheibenwischer, der unsere mentale Festplatte reinigt und den Kopf frei macht für Neues. Die Forscher nennen es „Attention Restoration Theorie", also Aufmerksamkeitserneuerung. Eine Folge dieser Erneuerung ist die Fähigkeit, sich wieder selbst zu spüren, zu wissen, was uns guttut und das Steuer im eigenen Leben von Neuem zu ergreifen. Man könnte es also auch die Fähigkeit zur Selbststeuerung nennen.

Vor allem die Entspannungszentrale unseres Körpers, der Vagusnerv, wird stimuliert, wenn wir uns in der Natur aufhalten. Auch das Immunsystem profitiert von den ätherischen Ölen und vielfältigen pflanzlichen Botenstoffen, denen wir uns vor allem beim Aufenthalt in Wäldern aussetzen.

Der Körper dankt uns solche gezielten Rauszeiten, indem der Blutdruck sinkt, Stresshormone wie Cortisol und Adrenalin abgebaut werden und sich der Puls normalisiert. Das Herz findet zurück zu seinem eigenen Rhythmus.

Und als wäre das noch nicht genug des Guten, gibt es noch eine tröstende Wirkung, von der wir besonders gern Menschen in Zeiten der Trauer oder Erschöpfung erzählen. Natur wertet nicht. Wir dürfen so sein, wie wir sind.

„Leben inmitten von Leben, was leben will", würde Albert Schweitzer es nennen. Wir erwähnten es bereits. Wer sich ohne äußere Bewertung erlebt, wird sich selbst wieder mehr spüren und mit allen Emotionen annehmen können.

Jeder Sonnenaufgang oder -untergang, den wir bewusst erleben, ist etwas ganz Besonderes. Da wird einem ohne viele Worte klar, dass wir Teil eines Geschehens sind, was größer ist als wir selbst. Das heilt uns von Selbstüberschätzung, tröstet, verbindet uns mit Menschen, die nicht mehr real, aber in unseren Gedanken präsent sind, und lässt uns hoffen, dass es trotz aller Sorgen auch ein Morgen geben wird.

In alten Worten des Psalm 121 heißt es:
Ich hebe meine Augen auf zu den Bergen.
Woher kommt mir Hilfe?
Meine Hilfe kommt vom Herrn,
der Himmel und Erde gemacht hat.
Er wird deinen Fuß nicht gleiten lassen,
und der dich behütet, schläft nicht.

So gesehen könnte dieser Olafs-Weg eine Makro-Auszeit mit einer großen Dosis Vitamin „N“ und viel Zeit zur Begegnung mit sich, mit Gott und der Welt sein. Vielleicht ist das genau der richtige Kick, um die Krankheit auszubremsen.

„Du kannst nicht tiefer fallen als in deine Wanderschuhe“, sagte Olaf und bremste meine Sorgen aus. Also stimmte ich zu. Alles andere hätte sowieso keinen Sinn gehabt. Die Sache war klar. Olaf würde den Olavsweg laufen. Allein.

An einem sommerhellen Tag Ende Juli brachte ich ihn und seinen solide gepackten Rucksack zum Flughafen. Ich wusste, dass ihm diese Reise Erkenntnisse ermöglichen würde, die zu Hause nicht denkbar waren. Ich gab ihn frei und hoffte zugleich, dass das Abenteuer gut ausgeht. Wir wussten beide, dass es allemal besser ist, die Wanderstöcke zu nutzen, als sorgend auf dem Sofa zu sitzen und innerlich am Stock zu gehen.

Wir sagten und sagen immer wieder bewusst ja. Ja, ja, ja zu dem, was kommt. Und damit wagen wir es, zuversichtlich weiterzugehen, jeder auf seine Weise.

Olafs Aufbruch war ein Experiment, bei dem wir prüfen wollten, welche Lebensenergie freigesetzt wird, wenn wir unsere Sorgen an die Hand nehmen und weitergehen, statt im Wenn und Aber steckenzubleiben. Zuversicht besteht nicht darin, dass etwas genauso ausgeht, wie wir uns das vorstellen, sondern darin, dass es sinnvoll ist, sich auf den Weg zu machen, egal wie es ausgeht.

Zehn Tage später, nach 180 zurückgelegten Kilometern, entschied sich Olaf, den Zug nach Oslo zu nehmen und zurückzukommen. In diesen 180 Kilometern war alles drin, was er sich vorgestellt und erhofft hatte – einsame Wege, urige Pilgerherbergen am Wegrand, stille Momente in Kirchen, gute Gespräche mit Menschen und natürlich großartige Weite in der norwegischen Natur. Die Beine haben ihn gut getragen, doch dann ein falscher Tritt beim Baden im See – und der Schnitt in der Fußsohle erforderte eine mehrtägige Pause. Diese Unterbrechung machte die geplante Route unmöglich. Der Weg war mit seinen Etappen nicht mehr in der vorhandenen Zeit zu schaffen.

Stellt sich die Frage, worum es eigentlich geht. Etappenziele absolvieren oder Lebenserfahrung gewinnen? Statt verbissen am Ziel festzuklammern oder enttäuscht zu sein, entschied sich Olaf in der Situation dafür, es gut sein zu lassen und ist dankbar für das Erlebnis bis dahin. Der Weg war für ihn ein innerer Weg. Ein Weg vom Krieger zum König. Der Souveräne, der seinen Weg gelassen geht, statt ihn zu erkämpfen.

So kam es, dass Olaf mich nach seiner Rückkehr in den Arm nahm und zufrieden sagte: „Meine Erkenntnis auf dem Weg ist, dass meine Beine mich tragen und dass eigentlich jeder Weg, den ich laufe ein Olafs-Weg ist.“

Und dann las er mir einen Text vor, der dort im Norden auf dem Weg aus dem Herzen in sein Tagebuch geflossen war.

Gott ist mir nahe

Ich finde zur Quelle der Kraft.

Ich vertraue,
dass Leben in Fülle möglich ist,
dass meine Seele aufatmet
und ich meinen Weg finde.

Was auch passiert,
Gott ist in mir und um mich.

Zuversicht füllt mein Herz,
trotz aller Ängste.

Ich bin geliebt.

Ich bin gesegnet.

Gott geht mit.

Olaf Hofmann

Ein wenig erinnern seine Worte an Psalm 23. Da ist ein Mensch, der sich geborgen weiß auf seinem Weg inmitten aller Gefahren und Sorgen. Voller Zuversicht richtet er sich aus und setzt den Weg fort.

Wenn du dich jetzt fragst, ob und wie du selbst mehr Zuversicht in deinem Leben und für deine ganz persönlichen Herausforderungen gewinnen kannst, dann lass uns an dieser Weg-Erfahrung von Olaf etwas erklären. Sehr klar sind fünf Schritte erkennbar, mit denen es gelingt, hoffender, vertrauender und zuversichtlicher mit den Schwierigkeiten auf unseren Lebenspfaden umzugehen.

1. DURCHATMEN

Es tut weh, wenn unsere Vorstellungen durchkreuzt werden und sich nicht umsetzen lässt, was wir uns so prima ausgemalt haben. Du hast schon einiges über die Kraft der Stille und des Atmens gelesen. Hier lässt es sich anwenden. Es gilt, in einem ersten Schritt die aufgestaute Emotion, den Ärger, die Trauer oder den Frust wahrzunehmen und zu bearbeiten, indem wir tief und kraftvoll atmen – tief ein und deutlich länger aus. Konzentriere dich ganz auf diesen Moment und atme einige Minuten lang durch.

2. ANNEHMEN

Der entlastende Gedanke, der uns aus der Frustfalle führt, heißt: Es ist, was es ist. Olaf konnte nicht ahnen, dass an dieser Stelle ein spitzer Stein war, und in einem Tourenrucksack trägt man auch nicht gerade Badeschlappen zum Spaß mit sich herum. Da ist jedes Gramm bedacht und auf das Nötigste reduziert. Es ist, was es ist – der Gedanke schafft Abstand und damit erstmal innere Ruhe inmitten der stressigen Situation.

3. LERNERFAHRUNG

Wenn das Denken wieder funktioniert, können wir uns fragen, ob wir aus dem Geschehen etwas lernen wollen. Vielleicht, dass es unklug ist, in unbekannte Gewässer zu steigen, wenn man eine Langstreckenwanderung macht, oder nach leichten Badeschlappen zu schauen, die ins Gepäck gehören. Oder dass man besser nur am Pausentag ins Wasser geht. Meistens ist etwas dabei, was uns schlauer, erfahrener, klüger macht.

4. MÖGLICHKEITSSINN

Olaf hat natürlich überlegt, welche Möglichkeiten er jetzt hat. Da gab es eine Menge Ideen: eine mehrtägige Rast einlegen, zum Arzt gehen und den Riss behandeln lassen, Pflaster drauf, Zähne zusammenbeißen und weiterlaufen, einige Etappen mit dem Zug überbrücken und danach wieder einsteigen. Oder es gut sein lassen, die Rückreise antreten und im nächsten Jahr an dieser Stelle weiterlaufen. Vielleicht sogar mit mir. Indem wir Möglichkeiten suchen, erweitern wir die Perspektive auf das, was geschehen ist. Es befreit aus der Situation, sich nur noch im Kreis zu drehen. In der Regel gibt es immer mehrere Möglichkeiten und wir können es lernen, in Lösungen zu denken.

5. ENTSCHEIDEN

Schließlich kommt der Punkt, an dem man sich für den nächsten oder den ersten Schritt entscheiden muss. An der Stelle wird es praktisch, kommst du vom Denken zum Tun. Viele Menschen haben Angst, einen Fehler zu machen und zögern diese Entscheidung hinaus. Doch je klarer du dich für einen ersten Schritt entscheidest, desto leichter wird es dir fallen, danach einen zweiten und dritten zu gehen. Olaf griff zum Handy und organisierte die Rückreise.

Diese fünf Schritte wollen wir dir ans Herz legen, wenn du die Absicht hast, zuversichtlich statt genervt auf Erfahrungen zu reagieren, die dir das Leben vor die Füße legt, ohne dass du darum gebeten hast.

- durchatmen
- annehmen
- lernen
- Lösungen suchen
- entscheiden

Du weißt ja, auf die Haltung kommt es an. Also achte gut darauf, was du ändern kannst und was nicht. Zuversicht ist eine enorme Kraft, die dein Leben wandeln wird. Ganz leise, aber stetig. Sie ermöglicht dir innere Freiheit und führt dich heraus aus Resignation und Angst.

Aus vielen Forschungen der positiven Psychologie wissen wir, dass sich Zuversicht vor allem aus positiven Emotionen speist. Um dies zu verstärken, stellen wir dir einige Fragen, in denen es darum geht, gute Gefühle zu bemerken. Lies dir die Fragen aufmerksam durch und erinnere dich an kleine Begebenheiten des heutigen Tages oder der aktuellen Woche. Diese Übung wird dich achtsamer für die erlebten guten Gefühle machen.

Meist wirken negative Erlebnisse viel stärker. Und es ist eine Tatsache, dass wir es ungewollt, aber häufig auch mit negativen Erlebnissen und Emotionen zu tun haben.

> Wollen wir uns zuversichtlich ausrichten, kommt es deshalb darauf an, deutlich mehr Situationen zu schaffen oder zu bemerken, die uns guttun.

Wir brauchen gute und schwere Erfahrungen, um zu reifen. Doch wir brauchen, um in eine seelische Aufwärtsspirale zu kommen, ungefähr dreimal so viele positive wie negative Emotionen. Und das beginnt damit, das Gute zu bemerken.

DAS GUTE BEMERKEN - 10 INSPIRATIONEN

1. Worüber konntest du staunen?
2. Was macht dich dankbar?
3. Bei welchen Gelegenheiten warst du optimistisch?
4. Was hat dich neugierig gemacht und interessiert?
5. Wobei warst du fröhlich und glücklich?
6. Wem konntest du vertrauen?
7. In welchen Momenten warst du selbstsicher?
8. Wobei warst du übermütig, heiter, amüsiert, lustig?
9. Wann ist es dir gelungen, gelassen in dir zu ruhen?
10. In welchen Momenten erlebst du dich als liebevoll?

Nimm dir einmal in der Woche – oder wenn du intensiv an diesem Punkt arbeiten möchtest, einmal am Tag – Zeit, die Fragen für dich selbst zu beantworten. Wenn du magst, lass dir die Fragen von einer guten Freundin / einem Freund stellen und beantworte sie wie in einem Interview.

Es geht nicht darum, alle diese Gefühle gleichzeitig und in ähnlicher Intensität zu erleben, sondern zu bemerken, wann, wobei und wie stark wir diese Gefühle in unserem Alltag wahrnehmen. Wer darauf achtet, positive Gefühle mehr als bisher zu kultivieren, setzt einen sich selbst verstärkenden Kreislauf in Gang. Und das macht einen spürbaren Unterschied in unserem Leben.

Erich Fromm, Philosoph und Psychoanalytiker sagte: „Hoffen heißt, jeden Augenblick bereit sein für das, was noch nicht geboren ist, und trotzdem nicht verzweifeln, wenn es zu unseren Lebzeiten nicht zur Geburt kommt."

Es kommt also auch hier auf die innere Einstellung an. Du musst bereit sein, hoffend leben zu wollen. Um es im Bild zu sagen: Wer hofft, sieht den kommenden Sommer in den ersten zarten Schneeglöckchen. Hast du die kleinen Freudenbringer und Hoffnungsboten wahrgenommen, die der heutige Tag für dich parat hatte?

Wir sind davon überzeugt, dass es darauf ankommt, Rastplätze der Zuversicht auf unserer Tour des Lebens zu bemerken und sie zu nutzen. Und wenn wir genügend Kraft gewonnen haben, werden wir aufbrechen zur nächsten Etappe.

Übrigens, die Rucksäcke sind gepackt. Im nächsten Sommer werden wir zu zweit weiterlaufen auf dem Olavsleden. Denn geteilte Freude ist bekanntlich doppelte Freude. Und geteiltes Leid ist halbes Leid.

KAPITEL 5

ZukunftsMUT

Kraft, die an das Morgen glaubt

WORUM ES GEHT:

Mitten durch die Angst
Regnose und Zukunftsbewusstsein
COURAGE buchstabieren

ÜBUNGEN:

Fragen zur eigenen Mut-Geschichte
Zehn Zu-Mutungen

TEXTE:

Vorsatz Leben (Seite 103)
ZukunftsMUT (Seite 112)

Es ist ein kühler und grauer Samstagnachmittag, als ich den Kreißsaal der Uniklinik verlasse. Notfalleinsatz. Ich habe Bereitschaftsdienst und bin zu einem jungen Paar gerufen worden, die um ihr viel zu früh geborenes Kind bangen. Ihre Angst ist groß, jeder Gedanke an die Zukunft tut weh. Ich bin nachdenklich.

So vieles können wir nicht umdrehen, nicht wandeln und es kostet viel Kraft, nur da zu sein, etwas mit auszuhalten. Manchmal scheint die Zuversicht nichts als ein schmaler Schimmer am Horizont zu sein. Es ist herausfordernd, andere Menschen in ihrem Leid mitfühlend zu begleiten. Zugleich bin ich immer aufs Neue froh, dies in meiner Arbeit als Klinikseelsorgerin und auch als Coach tun zu dürfen. Denn gerade in solchen Krisen erlebe ich mitten im Schmerz große menschliche Echtheit, Nähe, Verletzlichkeit, Mitgefühl und die Sehnsucht nach spiritueller Tiefe.

Um in meiner Kraft zu bleiben, muss auch ich für mich sorgen und das erfordert manchmal eine Verlangsamung. An diesem Tag beschließe ich, meine Seele nachkommen zu lassen und in Ruhe eine Tasse Kaffee in der Cafeteria zu trinken. Direkt neben der Kasse steht ein großer Kartenständer. Ich greife eine der bunten Karten. „Man muss mit allem rechnen, auch mit dem Guten“, steht in krakeligen Buchstaben über dem Bild eines kleinen Mädchens im lindgrünen Kleid, was eine Waffel mit Eiskugeln in der Hand hält und übers ganze Gesicht lacht. Es sieht aus, als hätte eine Zweitklässlerin mit diesem Bild den Malwettbewerb gewonnen. Originell, lustig, ein Unikat.

Doch ich weiß, dass es kein Kindermotiv ist. Dieses Bild stammt von Andrea Lienhart. Ihre Karten gibt es in jeder der großen Unikliniken in Tübingen zu kaufen.

Die Freiburger Autorin, Managementtrainerin und Zeichnerin bezeichnet die eigene Krebserkrankung als ihre intensivste Lehrmeisterin. In der Rehaklinik begegnete sie dann einem Kunsttherapeuten, der sie ermutigte, zu Papier und Farbstift zu greifen, obwohl sie davon überzeugt war, nicht zeichnen zu können. Und weil es für Erwachsene ganz schön herausfordernd ist, einfach so loszumalen, schlägt er vor, den Stift spielerisch in die linke Hand zu nehmen. Auf diese Weise wird es für Andrea leicht und lustig. Ihre Bilder kombiniert sie mit kleinen Weisheiten und Sinnsprüchen. Völlig unerwartet finden diese so viel Zuspruch, dass Andrea Lienhart es wagt, Postkarten davon drucken zu lassen. Inzwischen gibt es Kunstdrucke, Karten und sogar ganze Wände, welche die Künstlerin mit ihren Motiven in Kliniken gestaltet hat. Zudem engagiert sie sich im Bundesverband der Kinderhospize e.V. für Kinder und deren Familien.

Ihre Erkrankung hat die Künstlerin gelehrt, dass sich weder das Leben noch die Zukunft von uns kontrollieren lassen. Was uns bleibt, ist die Möglichkeit, beides zu gestalten. Damit spricht sie uns aus dem Herzen. Unsere Aufgabe ist zu lernen, mit den schweren Erfahrungen umzugehen, sie als Teil des Lebens wie in ein großes Puzzle mit einzubauen und darüber hinaus die Leichtigkeit täglich neu in unser Leben einzuladen.

Ich bin an jenem Samstag dankbar für diesen kleinen Lichtblick, der mich in meiner Arbeit ermutigt und meine Seele aufhellt. Ja, ich will mit allem rechnen, auch mit dem Guten! Und ich will das Gute sehen inmitten des Schweren.

> Wir alle müssen gut auf jeden einzelnen Moment in unserem Leben achten, denn er trägt die Zukunft in sich.

Auch wenn es uns Krankheiten, Kriegsgetöse, Krisen manchmal extrem schwer machen, an eine gelingende Zukunft zu glauben. Die Weichenstellung liegt bei uns. Wie und worauf wir uns heute ausrichten, das entscheidet, ob wir unser Morgen Schritt für Schritt erreichen.

Zukunftsforscher Matthias Horx schrieb in einer Kolumne während der Corona-Pandemie, wir bräuchten jetzt Zukunftsmut. Dieses Wort hat Kraft. Es packt uns unmittelbar. Mut zur Zukunft bedeutet, eine Entscheidungsmöglichkeit zu haben. Wir können uns bewusst für ein Dennoch, für Zuversicht, für den nächsten Tag entscheiden. Könnte man Zukunftsmut in vielen Menschen wecken, hätten diese eine Leuchtkraft, mit der sie die Welt eine Spur heller machen könnten. Und diese Welt wäre tauglich für unsere Enkel.

Doch Zukunftsmut funktioniert nicht mit Konjunktiven und auch nicht durch Motivation von außen.

Mut entsteht innen. Wir können lediglich die Sehnsucht danach wecken. Es gilt, Menschen mit ihrem Wollen, mit der Kraft ihres Herzens in Berührung zu bringen, damit sie sich voller Mut auf den Weg machen.

Was das mit dem Herzen zu tun hat, schauen wir uns in Kapitel sechs konkret an. Jetzt lass uns erstmal bei Zukunftsmut bleiben. Mutig sind ja nicht die Menschen, die *ohne* Angst leben, sondern diejenigen, die sich *mit* ihren Ängsten in Bewegung setzen und den nächsten Schritt wagen. Hier lohnt es sich innezuhalten und auf unser persönliches Erleben zu schauen.

DEINE EIGENE MUT-GESCHICHTE

Vielleicht magst du die folgenden Fragen nutzen, um deine eigene Mut-Geschichte anzuschauen?

- Wenn du von deinem jetzigen Standpunkt zurückschaust auf deine Entscheidungen, Erfahrungen und Erlebnisse in den vergangenen Tagen, Monaten oder Jahren – worauf bist du besonders stolz?
- In welcher Lebensphase und Situation bist du über dich hinausgewachsen, hast Unmögliches möglich gemacht?

Sind diese Erinnerungen gut? Vermutlich sind es die Momente, in denen du dir etwas zugemutet hast und an oder mit dieser Aufgabe gereift bist.

Das kann zum Beispiel eine bestandene Prüfung sein, auf die du lange hingearbeitet hast, eine Liebeserklärung, bei der dir vor Aufregung die Worte kaum über die Lippen kamen, ein Karriereschritt, bei dem du Verantwortung für Mitarbeitende übernehmen musstest und merkst, dass Menschen dabei in ihr Element finden. Oder du hat es gewagt, öffentlich zu deiner Meinung zu stehen, auch wenn du damit Farbe bekennen musstest? Vielleicht hast du dich aber auch innerlich voller Anspannung entschlossen, endlich eine Grenze zu ziehen, um dich zu schützen und dir einen Freiraum zu schaffen oder um dir selbst treu zu bleiben.

Wollen wir in unsicheren Zeiten Halt gewinnen, brauchen wir kleinen und großen Zukunftsmut. Was aber ist damit gemeint und wie kommen wir dahin?

- Zukunftsmut bezeichnen wir als Kraft, die daran glaubt, dass ein Morgen kommt und dass man selbst etwas dazu beitragen kann, dass dieses Morgen ein Gutes wird.

- Zukunftsmut setzt auf ein „Trotzdem“ und bleibt realistisch, ohne die Augen vor den Schwierigkeiten zu verschließen.
- Zukunftsmut findet den Weg aus der Ohnmacht heraus zurück in die Wirksamkeit.

Olaf hat sich kürzlich dafür entschieden, als Übungsleiter in einem Sportangebot für Kinder und für neu hinzukommende Flüchtlingskinder mitzuarbeiten. Eigentlich ist seine Zeit als aktiver Trainer lange her und er war unsicher, ob er noch Purzelbäume schlagen, Seil hüpfen, über den Schwebebalken balancieren und eine muntere Horde Kinder begeistern kann. Doch er betrachtet es als einen Einsatz für die Zukunft – die der Kinder, der Gemeinschaft im Ort, der Familie. Inzwischen sind die Montage ein fester Termin im Kalender und die eigenen Enkelkinder erleben ihren Opi in einer ganz anderen Rolle.

Wir wissen, dass Zukunftsmut enorm vielfältig ist und dass er eine Rückwirkung auf uns selbst hat. Nicht nur der Purzelbaum ist wieder im Repertoire, auch die unbekümmerte Lebensfreude der Kleinen tut der Seele gut.

In diesem Kapitel wollen wir dich dabei unterstützen, deinen eigenen Zukunftsmut wieder neu zu entdecken und zu vertiefen. Er wächst aus unzähligen Erfahrungen, in denen du erlebt hast, dass du dir oder anderen vertrauen konntest, dass Dinge sich noch zum Besseren gewandelt haben, dass Glaube, Liebe und Hoffnung machtvolle Kraftquellen sind.

Mit diesen Erfahrungen kannst du dich immer wieder neu verbinden und sie aktivieren, wenn es eine aktuelle Herausforderung oder Krise gibt. Sie wirken dann wie ein Powerriegel, der Energie für den anstehenden Aufstieg bei einer Bergetappe freisetzt. Und es ist wirklich eine Herausforderung, die nächste Etappe zu bewältigen. Denn wenn wir von Mut sprechen, drängt sich das Thema Angst direkt mit hinein.

Wenn dein Mut größer ist als deine Angst, dann nimmt der Mut die Angst an die Hand und geht gemeinsam mit ihr weiter. Corrie ten Boom formulierte es ganz knapp so: „Mut ist Angst, die gebetet hat."

Es bringt tatsächlich nichts, Angst zu verleugnen oder so zu tun, als würde sie uns nichts ausmachen. Besser ist es, sie anzuschauen und zu prüfen, ob diese Angst realistisch ist, ob sie uns hilft, einer Gefahr auszuweichen oder ob sie uns einfach nur lähmt. Vor allem ist es sinnvoll zu schauen, ob es tatsächlich unsere eigenen Ängste und Sorgen sind, oder ob wir die Befürchtungen anderer, der Freunde, der Familie, der Gesellschaft, der Kolleginnen oder Kollegen ungefiltert übernehmen.

Bedingt durch die stärkere Nutzung sozialer Medien geraten wir zunehmend in soziale „Blasen", die ihre ganz eigenen Deutungen der Welt, der Krisen, der Zukunft haben. Es ist wichtig, diese immer wieder unter die Lupe zu nehmen und auch Zahlen zu Rate zu ziehen, um Verallgemeinerungen zu hinterfragen.

Seit dreißig Jahren untersucht und dokumentiert ein großes deutsches Versicherungsunternehmen die Ängste der Deutschen. Während sich die größten Ängste derzeit um die finanzielle Sicherheit drehen, die Sorge vor Teuerung, vor unbezahlbarem Wohnraum, vor einer drohenden Rezession oder vor Steuererhöhungen, waren es zehn Jahre zuvor ganz andere Ängste. Da ängstigten sich die Menschen vor einem Reformstau in den Sozialsystemen. Zudem fürchteten viele, ihre Arbeit zu verlieren. Außerdem hatte die Angst vor Terroranschlägen infolge des Anschlags auf das World Trade Center in New York massiv zugenommen. Ängste wandeln sich und beileibe nicht alle teilen diese Ängste.

Doch folgt man den gängigen Medien, entsteht der Eindruck, wir seien ein zutiefst verängstigtes Volk. Vielleicht denkst du: Es ist ja auch nicht einfach, wir haben allen Grund dazu, die Zukunft düster zu malen!

Stimmt, die fortwährende Krisenstimmung verunsichert viele Menschen in unserem Land. Im Jahr 2022 stieg der Angstindex um satte sechs Prozentpunkte und erreichte mit 42 Prozent das höchste Niveau seit vier Jahren. Was allerdings auch zu den Fakten gehört, was aber niemand auf die Titelseiten schreibt, ist die Beobachtung, dass wir auf dem Höhepunkt der reellen Bedrohung in der Coronazeit einen vergleichsweise niedrigen Angstindex in der Statistik hatten. Und wer genau hinschaut, wird überrascht feststellen, dass die genannten 42 Prozent ganze zehn Prozent niedriger sind als der vergleichbare Wert vor zehn Jahren.

Das könnte uns direkt zuversichtlich stimmen. Doch leider nehmen wir diese Entwicklung in der Öffentlichkeit kaum wahr. Statistiken sind ein zwiespältiges Instrument der Meinungsbildung. Wir müssen sie möglichst genau anschauen und aktiv nachfragen, statt der medialen Interpretation einfach nur in die Dauerkrise zu folgen.

Wer zukunftsmutig argumentiert, wird in Deutschland rasch als gutgläubig und naiv abgestempelt. Die Mehrheit scheint chronisch pessimistisch eingestellt zu sein. Der Begriff „Deutsche Angst" hat sich als Beschreibung für den besorgten, mitunter destruktiven gemeinsamen Blick auf die Zukunft etabliert. Es gibt Autoren, die sich intensiv mit dieser Angstkultur beschäftigen. Zum Beispiel liefert der Historiker Frank Biess ein interessantes Erklärungsmuster für die misstrauisch-negative Grundhaltung. Er verweist auf die immer noch vorhandene Präsenz der

Weltkriege in unserer kollektiven Erinnerung als eine mögliche Quelle der „German Angst". Und auch die Journalistin Sabine Bode beschreibt die „Deutsche Angst". Für sie ist es eine Kombination von Mutlosigkeit und Zögerlichkeit, gepaart mit Zukunftsängsten und einem extremen Sicherheitsbedürfnis.

Wir sind weder Forscher noch kennen wir alle Statistiken. Doch uns erstaunt und beeindruckt, wie häufig wir im Coaching und in systemischen Aufstellungen mit Scham, Wut oder Angst der Kriegsenkel-Generation konfrontiert sind. Es ist unschwer zu erkennen, dass ein Grundgefühl der Ohnmacht in vielen der Betroffenen weiterlebt, selbst wenn sie persönlich keinen Bezug zu den Erlebnissen ihrer Eltern, Großeltern oder der Großfamilie hatten.

Diese unbewusst übernommene Grundhaltung kann nur dann gut bearbeitet und mitunter aufgelöst werden, wenn man sich traut, die eigene Familiengeschichte zu befragen und persönliche Erlebnisse ans Licht zu holen, um darüber zu sprechen. Wenn es gelingt, diese Erfahrungen und alte Muster in einer erweiterten Perspektive zu sehen, lässt sich eher Frieden damit schließen. Der Weg wird wieder frei für eine zuversichtliche Zukunft.

Mut gilt als ein Gegenspieler zur Angst. Das ist auch eine Essenz des christlichen Glaubens. Sie begegnet uns alle Jahre wieder in der Weihnachtsbotschaft und in den Worten des Engels, der den Hirten zuruft: Fürchtet euch nicht!

Genau das wollen wir dir heute ebenfalls zurufen. Deshalb haben wir zehn Zu-Mutungen zusammengestellt, mit denen du Zukunftsmut in kleinen Etappen entwickeln kannst. Lies die folgenden Sätze aufmerksam durch. Picke dir die Sätze heraus, die dich am stärksten ansprechen und in deiner Situation ermutigen. Unsere Empfehlung: Nimm dir pro Woche maximal drei Zu-Mutungen als Inspiration heraus. Sie entfalten ihre Kraft, wenn du sie dir auf eine kleine Karte notierst, häufig liest und dem nachspürst, wo und wie sie dich unterstützen können.

Sollte dir eine Formulierung nicht treffend genug sein, schreibe den Satz so um, dass er zu einem wirklichen Leuchtsatz für dich wird.

NUR MUT! ZEHN ZU-MUTUNGEN

1. Sage Ja zu dir und entwickle Selbstmitgefühl, denn du bist der Mensch, der die meiste Zeit mit dir verbringt.
2. Spüre deine Talente, Begabungen, Potenziale auf und bringe sie ans Licht, denn du wirst diese Welt damit eine Spur heller machen.
3. Versöhne dich mit dem, was unvollkommen ist, mit deinen Schwächen und Schattenseiten, denn der Frieden beginnt in dir.
4. Vertraue Gottes umfassender Liebe. Sie wirkt in dir, durch dich und über dich hinaus, wenn du dich ihr öffnest.
5. Sei so mutig, Fehler zuzugeben und übernimm die Verantwortung dafür. Nur so kann Wandel geschehen und ein Fehler zum Helfer werden.
6. Höre, was das Leben von dir will, und gib mit deinem Leben eine Antwort darauf, so wirst du Sinn finden, der dich stärkt.
7. Bleib neugierig, nimm deine Angst an die Hand und geh mit ihr weiter.
8. Entscheide mutig. Wenn du entschieden hast, dann geh diesen Weg kraftvoll, wissend, dass du stets eine neue Entscheidung treffen kannst, die dich weiterführt.
9. Lerne, mit dir selbst allein zu sein. So bist du nicht einsam, sondern ruhst in dir und bist anderen ein wahrhaftiges Gegenüber.
10. Lebe, so oft es geht, im Jetzt. Sei ganz bei dem, was du tust oder sagst, und sei bei dem Menschen, dem du gegenwärtig begegnest.

Kennst du solche Tage, an denen einem der Zukunftsmut vom Herzen in die Hosentasche rutscht und man sich Sorgen macht, wie es weitergehen soll?

Es gibt zahlreiche Prognosen zur Zukunft, zur Rentenlage, zur Kinderbetreuung, zur Wirtschaft, zur Klimaerwärmung und zu vielen weiteren Themen. Da kann es einem bang und bänger werden. Doch eine Prognose ist nur eine Annahme, eine voraussichtliche Schätzung der Zukunft, die sich aus den Beobachtungen und Analysen der Gegenwart ergibt. Man rechnet das Aktuelle hoch und entwickelt ein Zukunftsszenario daraus. Wenn also die Gegenwart kompliziert und krisenhaft ist, wird die Prognose nicht gerade rosig sein. Diese Art nach vorne zu denken ist wenig hilfreich, um sich freudig auf den Weg in die Zukunft zu machen, oder?

Matthias Horx vom Frankfurter Zukunftsinstitut schlägt etwas komplett anderes vor: eine Regnose, einen Blick aus der Zukunft ins Jetzt.

Aus der Zukunft ins Jetzt schauen,
wie soll das denn gehen?

Indem wir gedanklich ins Morgen hüpfen, uns dort umdrehen und auf das Heute zurückschauen, um uns anschließend zu fragen, was wir damals, also heute, gemacht oder unterlassen haben, um an diesem künftigen Punkt unseres Lebens zu stehen.

Male dir ein ganz konkretes Bild aus von einer lebenswerten Zukunft, in die du gedanklich hüpfst. Dann drehst du dich an diesem Punkt um und schaust von der gedachten Zukunft aus zurück ins Jetzt. Das bedeutet Regnose. Also nicht von hier in die Zukunft prognostizieren, sondern andersherum. Es ist ein geistiges Experiment, was uns dazu bringt zu fragen: „Was habe ich damals richtig gemacht, so dass ich heute gut leben kann?“ Oder anders formuliert: „Was kann ich heute tun, um übermorgen oder eines Tages in genau dieser guten Zukunft aufzuwachen.“

Will ich künftig in einer grünen Umgebung leben, dann werde ich heute in meinem Garten Büsche und Bäume pflanzen und darauf achten, nachhaltig und achtsam mit der Natur umzugehen. Sehe ich mich künftig als glücklichen Familienmensch mit meinen Kindern oder Enkelkindern, werde ich heute auf guten und liebevollen Umgang mit diesen Menschen Wert legen. Ich arbeite an meiner Geduld und entwickle Einfühlungsvermögen. Ich höre vielleicht besser zu und schaue, ob meine Kinder und Enkel die Möglichkeit haben, ihren Talenten zu folgen und sich selbst weiterzuentwickeln.

Will ich meine Arbeit mit leuchtenden Augen ausüben, muss ich mich heute fragen, was meine Begabungen sind, wie ich sie fördere und wo ich sie besonders gut einbringen kann. Ich suche und wähle das Umfeld, in dem ich mich einbringe. Vielleicht engagiere ich mich für soziale Bedingungen in einem Unternehmen oder ich ziehe um, weil es die Arbeitskultur, die ich schätze, nur an einem anderen Standort gibt.

Regnose versteht Zukunft nicht als etwas, das irgendwie auf uns zukommt, sondern als ein Geschehen, an dem wir durch unsere Einstellungen und Handlungen aktiv beteiligt sind. Im Zukunftsinstitut nennen sie das einen „Future Mind“, ein dynamisches Zukunftsbewusstsein. Und dieser lebendige Sinn für Zukunft lässt uns wach und beteiligt bleiben.

Du hast bereits in den vorhergehenden Kapiteln darüber gelesen, wie wichtig unsere Wahrnehmung, unser Glauben und unsere Einstellungen im Leben sind. Vielleicht stimmst du uns darin zu, dass niemand der Zukunft einfach ausgeliefert ist. Viktor Frankl, Begründer der Logotherapie, der uns mit seinen Thesen und Aussagen zu Lebenskraft und Sinn inspiriert und ermutigt, sagt:

> „Man kann einem Menschen alles nehmen, aber nicht die Freiheit, sich so oder so dazu zu verhalten."

Das heißt, wir haben immer eine Wahl, eine Stellschraube, eine Möglichkeit, uns zu verhalten. Wir können uns täglich neu für Zukunftsmut entscheiden. Das macht zwar die gesamte Lage nicht plötzlich einfach. Es wischt Sorgen und Befürchtungen, den Mangel an Geld, die Suche nach Wohnraum oder die Krise in der Familie und Partnerschaft nicht einfach zur Seite, doch es führt uns aus dem Gefühl heraus, ausgeliefert zu sein.

Wenn wir bereit sind, uns für Zukunftsmut zu entscheiden, führt es uns hin zu neuer Selbstwirksamkeit. In der Folge fragen wir uns: Wo, wie, mit wem und was können wir tun, um in einer Welt aufzuwachen, die wir als lebenswert für uns empfinden? Was kann uns konkret stärken und für den nächsten Schritt befähigen?

Wir laden dich dazu ein, sieben Grundhaltungen mit uns zu buchstabieren, die mit ihren Anfangsbuchstaben ein Akrostichon, ein neues Wort, bilden. Ein Wort, mit dem sich kühner Mut und herzhaftes Handeln verbinden. Ein Wort, das in deutscher, französischer und englischer Sprache gleich geschrieben, verstanden und genutzt wird. Wir haben diese sieben Grundhaltungen mit englischen Begriffen buchstabiert. In Klammern findest du die deutsche Beschreibung dazu.

C – CONFIDENCE (VERTRAUEN)

Vertrauen gilt als eine der wichtigsten Ressourcen der Zukunft. Denn Angst entsteht aus Misstrauen. Und so werden wir nur dann an ein gutes Morgen glauben können, wenn wir dem Leben grundsätzlich vertrauen. Darüber hinaus brauchen wir viel Grundvertrauen in die eigene Person, in unseren kostbaren inneren Kern und unsere Fähigkeiten, das Beste aus allem zu machen.

Wenn das gelingt, entfällt der Zwang, alles kontrollieren und absichern zu müssen. Das kann ungeheuer entspannen. Grundvertrauen hat einen Bezug nach außen, in andere Menschen, in das große Ganze, in die Natur, in unsere Mitwelt. Und es hat einen Bezug nach innen, in die eigene Biografie, Erfahrung, Spiritualität.

Spirituell gesehen, erleben wir Grundvertrauen als Vertrauen in das göttliche Geheimnis des Lebens. Wenn Leben bedeutet, dass wir uns in einem Meer der Ungewissheit bewegen, dann entspricht glaubendes Grundvertrauen einem See- oder Treibanker. Er gibt dem Schiff in unruhiger See Halt in der Tiefe und gute Ausrichtung, so dass es die Wellen mit dem Bug nehmen kann und keine Breitseite abbekommt, unter der es kentert.

Wenn wir so in der Tiefe gehalten auch uns selbst vertrauen, dann können wir unsere Fähigkeiten und Lebenserfahrungen nutzen. Gehst du darüber hinaus freundschaftlich und einfühlsam mit dir und deinen eigenen Fehlern um, besitzt du eine Art Immunbooster für die Seele. Selbstvertrauen Hand in Hand mit Gottvertrauen ist wunderbar, denn es verhindert, dass man sich selbst überschätzt oder missachtet. Wer in diesem Sinne vertrauend lebt, findet Lösungen, kommt mit herausfordernden Situationen klar und wird sich trauen, wieder aufzustehen, wenn er mal stolpert oder stürzt.

Menschen, die in ihrer Kindheit ein gutes Grundvertrauen aufbauen konnten, weil sie verlässliche Bezugspersonen hatten und durch diese Rückenwind, Mitgefühl und zuverlässigen Halt erfahren haben, werden auch als Erwachsene leichter vertrauen können.

Vertrauen ist also auch ein Geschenk, was wir nicht machen, dem wir uns aber öffnen können. Und es ist eine Haltung, die wir einüben und immer neu praktizieren können. Wir erfahren Vertrauen und können uns entscheiden, anderen zu vertrauen.

Wenn wir, wie neulich passiert, in einem kleinen Dorf erleben, dass die Autotüren und Haustüren unverschlossen sind, staunen wir Stadtmenschen und begreifen, dass die Gemeinschaft in diesem Örtchen etwas sehr Besonderes ist. Hier vertrauen sich die Nachbarn und sie vertrauen sogar uns Fremden, die in diesem Ort eine Rast einlegen.

Vertrauen ist kostbar und es ist brüchig, etwa wenn jemand seine Versprechen nicht hält, wenn Erwartetes nicht eintritt oder wenn Misstrauen gezielt gesät wird. Wir machen deshalb Mut, sich selbst von Zeit zu Zeit die Vertrauensfrage zu stellen.
Zum Beispiel diese:

- Worauf gründe ich mein Vertrauen?
- Wo habe ich erlebt, dass mir jemand vertraut?
- Wem schenke ich Vertrauen und worin zeigt sich das?

O – OPTIONS (MÖGLICHKEITSSINN)

Es gibt Menschen, die haben ein faszinierendes Gespür für kleine Freiheiten in einem getakteten Alltag. Sie bemerken die Stelle, an der sie etwas entscheiden können, und nutzen jede Möglichkeit, um kraftvoller zu leben. Hier einige Beispiele aus dem Alltag:

- Während die Kollegen in der Kantine sitzen, läufst du draußen eine Runde in der Natur spazieren und kommst dann erfrischt aus der Pause zurück.
- Du musst kein Sonderangebot für fünf Brötchen beachten, wenn dir zwei genügen.
- In festgefahrenen Situationen oder Diskussionen kannst du spielerisch danach fragen: Was geht (noch)?
- Wenn uns die Angst vor dem Klimawandel umtreibt und wir die heißer werdenden Sommer in der Stadt fürchten, dann entscheiden sich die einen aufs Land zu ziehen. Andere engagieren sich dafür, dass Städte begrünt oder Gärten gemeinsam beackert werden. Zu welchen gehörst du?

Es gibt bei den meisten Zukunftsthemen Möglichkeiten – und zwar mehr als eine. Das gilt es zu begreifen und als Gestaltungsraum zu nutzen.

- Welche Möglichkeit habe ich?
- Und welche noch und was noch?
- Von wem kann und will ich dazu etwas lernen?

U – UPLIFTING (ERMUTIGUNG)

Zugegeben, es gibt vieles, was uns nach unten zieht. Die Vögel der Sorge kreisen vielleicht gerade über deinem Kopf. Das kannst du nicht verhindern. Aber du kannst verhindern, dass sie sich bei dir einnisten. Wer sich bewusst an ermutigenden Menschen, Gedanken oder Erlebnissen orientiert, der wird dem Sog der negativen Emotionen besser entkommen und seiner Seele Aufwind ermöglichen.

Natürlich können wir jetzt von Mutter Teresa bis hin zu Michelle Obama und von Margarete Steiff bis zu Samuel Koch alle bekannten und bewundernswerten Stehauf-Menschen und Lebensermutigerinnen zitieren. Doch häufig sind es die ganz gewöhnlichen Menschen, von denen wir unsere Mutimpulse bekommen.

Im Sommer war das eine unbekannte Harfenspielerin, die auf einer Mauer in der Altstadt saß. Sie spielte hingebungsvoll auf ihrem Instrument. Einfach so. Ohne dafür eine Spende zu erwarten. Sie war, so schien es, eins mit dem Klang der Saiten. Sie spielte in der Abendsonne und brachte damit etwas zum Klingen – in uns und in vielen der vorbeischlendernden Menschen.

Etliche Monate später erlebte ich so eine Art von Ermutigung ein zweites Mal, doch in völlig anderem Zusammenhang. Ich besuchte eine junge Frau in der Klinik, die sterbenskrank war. Sie hatte nur noch wenige Wochen, vielleicht zwei Monate zu leben und sie wusste das sehr genau. Sie war total verzweifelt, als wir uns begegneten.

Ob sie noch eine Chemotherapie machen sollte, fragte sie sich. Sie wollte ihr Leben nicht aufgeben und zugleich hatte sie keine Kraft mehr, die unerträglichen Schmerzen auszuhalten. Vor allem aber mochte sie keinesfalls bemitleidet werden oder nur noch eine Last für andere sein. Ich hörte ihr lange zu und fragte schließlich, wofür es sich aus ihrer Sicht lohnen könnte, noch einige Wochen zu leben und ob es etwas gäbe, was sie anderen geben könnte, was etwas ganz Persönliches war.

Sie erzählte von ihrer Liebe zur Musik. Es war eine Sprache, in der sie sich virtuos ausdrücken konnte. Doch für Konzertreisen mit dem Orchester reichte die Kraft nicht mehr.

Daraufhin las ich ihr ein Gedicht von Dawna Markova vor. Die amerikanische Psychologin schrieb diesen Text, während sie selbst schwer an Krebs erkrankt war.

Sein Titel: Vorsatz Leben.

Vorsatz Leben

Ich werde kein ungelebtes Leben sterben.
Ich werde nicht in Angst leben
vorm Fallen oder Feuer fangen.
Ich wähle meine Tage zu bewohnen.

Mein Leben darf mich öffnen, um mich weniger ängstlich sein zu lassen, zugänglicher für meine Mitmenschen.
Ich lockere den Griff um mein Herz
bis es ein Flügel wird,
eine Fackel oder ein Versprechen.

Ich wähle, meine Wichtigkeit zu riskieren,
und so zu leben,
dass das,
was zu mir als Same kommt,
als Blüte zum Nächsten geht,
und das,
was zu mir als Blüte kommt,
weitergeht
als eine Frucht.

Dawna Markova

Dawna Markova: I Will Not Die an Unlived Life, Mango Publishing 2021.

Als ich zu Ende gelesen hatte, war es ganz still im Raum. Dann sah mich die Patientin an und flüsterte: *Ich werde kein ungelebtes Leben sterben. Ich wähle meine Tage zu bewohnen.*

Als ich am folgenden Tag wieder in das Zimmer kam, lächelte sie mir entgegen. „Ich habe mich entschieden", sagte sie mit leiser, aber fester Stimme. „Ich werde ein kleines Hauskonzert für meine Geschwister geben und ich werde ihnen sagen, was sie mir bedeuten und wofür ich ihnen dankbar bin."

Bis heute vergesse ich nicht, mit welch leuchtenden Augen sie mir davon erzählte. Und ich bin ihr unendlich dankbar. Denn sie hat mir gezeigt, dass es auch in extrem schweren Zeiten möglich ist, etwas für andere zu sein, etwas zu geben und sich dadurch selbst wieder neu zu spüren. Sie hat mich direkt in der Seele berührt und ermutigt.

Dass uns andere Menschen, Freunde oder auch Fremde auf eine außergewöhnliche Weise stärken, ist eine Erfahrung, die wir alle schon gemacht haben. Leider vergessen wir das sehr schnell. Deshalb fragen wir an dieser Stelle ganz konkret danach:

- Welche Menschen hast du als ermutigend erlebt?
- Was haben sie in dir entzündet, bestärkt oder hervorgelockt?

R – RESILIENCE (SEELISCHE KRAFT, KRISEN ZU BEWÄLTIGEN)

„Was uns nicht umbringt, macht uns stark." Kennst du solche oder ähnliche Sprüche? Es sind eher trotzige Sprüche, die eine Verletzung übertünchen, als dass sie uns ermutigen. Doch Resilienz hat direkt mit dem Glauben an ein Dennoch, mit Trotzkraft, mit Auferstehung, mit Ermutigung und Zukunft zu tun.

Wir begegneten kürzlich einer Frau im Seminar, deren Lebensmut bewundernswert war. Als Kind hatte sie eine sehr schwierige Zeit, in der ihr nach dem Tod des Vaters nicht nur der Halt in der Familie wegbrach, sondern auch ihre Trauer keinen Raum fand.

Sich so allein und verlassen zu fühlen, raubt häufig die kindliche Unbeschwertheit. Tiefe Wunden entstehen, die Menschen bis ins Erwachsenenalter begleiten können, und die verhindern, dass wir anderen vertrauen.

Diese Frau jedoch hatte eine wundervolle Lebendigkeit, einen Drang, ihr Leben zu gestalten und sie war darüber hinaus sehr kreativ. Danach gefragt, was ihr damals Halt gegeben und sie vor dem Abgrund der Verzweiflung bewahrt hat, erinnerte sie sich an ihre Großmutter. Diese durfte wegen des neuen Stiefvaters keine Nähe mehr zu ihrer Enkelin haben, wartete aber jeden Morgen an einer Kreuzung auf dem Schulweg auf das Mädchen. Und wenn die Kleine die Hand in die kuschelige Tasche des Wollmantels der Großmutter steckte, dann fand sie dort ein Bonbon. Immer. Zuverlässig.

Liebe geht durch den Magen, heißt es so schön. Für dieses Kind war das Bonbon eine Brücke ins Leben. Noch heute erinnert sie sich als Erwachsene an diese kostbaren Momente, als jemand da war, der ihr Rückenwind, Liebe und damit ein Ja zum Leben schenkte. Als ihr im Coaching bewusst wurde, wie wesentlich diese Bonbon-Momente für ihr Leben waren, nähte sie sich aus dem alten Mantel der Oma, den sie aufgehoben hatte, eine Stoffcollage. Und hinein verwob sie Bonbonpapier.

Dies ist eine sehr kreative Form, Schmerz zu bearbeiten und Zuversicht zu aktivieren, indem sie Erinnerung zulässt und sich bewusst macht, auf welche Weise sie diese Krise in ihrem Leben bewältigt hat. Menschen wie diese Frau sind resiliente Stehauf-Menschen, von denen man viel über Lebenskraft lernen kann.

Dass eine einzige Person, die verlässlich und liebevoll für uns da ist, zu einer Art Lebensversicherung in Zeiten der Krise werden kann, fand die Forscherin Emmy Werner in einer vierzigjährigen Langzeitstudie heraus. Bekannt wurde diese Arbeit als „Kauai-Studie“. Sie liefert bahnbrechende Erkenntnisse über die Entstehung von Resilienz: Seelische Widerstandskraft, die Fähigkeit, auch schlimmste Krisen zu überstehen und dennoch kraftvoll zu leben, braucht innere und äußere Faktoren, um zu gedeihen. Sie ist keine genetische Lotterie, sondern von uns mitzugestalten.

Während wir die äußeren Faktoren, also zum Beispiel das Vorhandensein und die beständige Liebe der wundervollen Großmutter nicht beeinflussen, sondern nur bemerken und dankbar annehmen können, lassen sich innere Resilienzfaktoren wie Selbstwirksamkeit, emotionale Selbststeuerung, das Nutzen von Handlungsspielräumen und Netzwerken, Akzeptanz, Lösungsdenken, realistischer Optimismus und die Übernahme von Verantwortung durchaus selbst steuern.

Das ist es, was wir im Coaching reflektieren und entwickeln. Wir stärken Menschen in ihrem Selbstvertrauen. Sie lernen ihren Lebensrucksack zu erleichtern und sich von unguten Anhaftungen zu lösen. Aber auch Situationen anzunehmen, die nicht zu ändern sind, kann ein großer Schritt in die richtige Richtung sein. Wir ermutigen, aktiv nach Lösungen zu suchen und im Netzwerk um Unterstützung und Hilfe zu bitten. Wer darüber hinaus Verbundenheit mit anderen Menschen aufbaut, erlebt Halt in brüchigen Situationen. Es ist eine Form, sich tief zu gründen, um sicheren Stand in den Stürmen des Lebens zu erfahren.

Resilienz ist ein fantastisches inneres Kompetenzbündel und ein Regenerationsprogramm unserer Psyche. Wir staunen immer wieder, wie viel Kraft die Seele dem Körper geben kann. Resilienten Menschen gelingt es, sich auch in schweren Zeiten hoffend auf die Zukunft hin auszurichten und tief zu verwurzeln.

Eines der besten Bilder für diese zukunftsmutige Haltung schenkt uns die Natur jedes Jahr aufs Neue. Selbst wenn Ende März noch einmal Schnee die Blüten bedeckt und auch wenn manche Blüten erfrieren, der Frühling ist nicht aufzuhalten.
Er kommt doch!

- Was ist dein Bild für Resilienz?
- Welche Erfahrung in deinem Leben hilft dir, das Dennoch zu wagen?
- Welchen inneren Resilienzfaktor willst du mehr als bisher beachten und ausbauen?

A – ACCEPTANCE (AKZEPTANZ)

Über die Kraft der Annahme hast du schon viel in diesem Buch erfahren. Deshalb machen wir es an dieser Stelle kurz und sagen: Leben ist gut, auch wenn es nicht vollkommen ist.

Es ist, was es ist. Dieser Satz hat uns schon häufig die Brücke über Untiefen von Frust und Ärger gebaut. Probier es gerne aus. Wir sind davon überzeugt, dass es dir mit dieser Haltung leichter gelingt, Unvermeidliches gut sein zu lassen, statt dich darüber aufzuregen. Sparen wir uns unsere Kräfte lieber für die Herausforderungen auf, in denen wir etwas wandeln können.

G – GRATITUDE (DANKBARKEIT)

Die Zeit, als Kinder artig knicksen mussten, um sich für ein Geschenk zu bedanken, sind glücklicherweise vorbei. Und doch erleben wir beim Thema Dankbarkeit im Seminar häufig noch eine unterschwellige Ablehnung oder Gereiztheit, wenn wir es ansprechen. Grund dafür ist diese falsch verstandene Form der Dankbarkeit, die Kindern antrainiert wurde, und die eher eine erzwungene, manchmal sogar verlogene Form von Höflichkeit ist. Echter Dank hat nichts mit Konventionen und dem „Das-macht-man-so“ zu tun. Wahrhaftiger Dank braucht nicht erinnert zu werden, denn man spürt oder erlebt ihn unmittelbar.

Da leuchten die Augen, ist jemand zu Tränen gerührt, stellen sich Lachen und Herzlichkeit spontan ein. Wir ringen nach Worten, staunen, werden leise und bewegt. Oder wir machen Freudensprünge und fallen anderen um den Hals. Danken ist unendlich vielfältig. Danken zu können bedeutet, eine positive Emotion sichtbar zu machen, die alles wandeln kann. In den Forschungen der aktuellen Psychologie gilt Danken als stimmungsaufhellend und setzt einen wahren seelischen Aufwärtstrend in Gang.

Einer unserer spirituellen Lehrer, an dem wir uns gerne orientieren, ist der Benediktinermönch David Steindl-Rast. Er spricht davon, dass Dankbarkeit hilft, ein spirituelles Rückgrat zu entwickeln.

Danken schützt vor Wanken. Und Loben zieht nach oben. So stickten es die Großmütter aufs Sofakissen. Beides meint: Loben und Danken richtet innerlich auf, sich auf das Gute zu besinnen. Wer dankt, der hat eine Adresse, an die dieser Dank gerichtet ist. Ob das die Kraft des Lebens, Gott als Schöpferkraft oder eine konkrete Person ist – Dank bringt uns in Verbindung.

Menschen, die dies begriffen haben, fragen in krisenhaften Zeiten ihres Lebens nicht nach dem Warum. Wenn die Situation viel zu kompliziert, zu schmerzhaft oder unerträglich ist, dann fällt es schwer Danke zu sagen. Doch statt rückwärtsgewandt nach dem Warum zu suchen, können wir fragen: Wozu gibt mir das die Gelegenheit?

Probier es gerne einmal aus. Du wirst den Unterschied unmittelbar erkennen. Wenn wir nach der Gelegenheit fragen, öffnen wir uns für gedankliche Weite, statt ins Jammern oder in die Hilflosigkeit abzudriften. Danken nährt und stärkt die Seele.

Daher empfehlen wir unermüdlich, sich ein kleines Blankobüchlein zuzulegen, in dem man seine Mikroerfahrungen der Dankbarkeit aufschreibt. Denn es sind wahrlich nicht nur die Lottogewinne oder die dreistöckigen Geburtstagstorten, die glücklich machen.

Danken lässt sich für unglaublich viele Momente und kleinste Begebenheiten, die uns staunen lassen, erfreuen, verwundern, inspirieren. Wer einmal damit anfängt, der wird allmählich sehr geübt darin, solche Mikromomente einzufangen und das wiederum führt dazu, dass man deutlich beschwingter durchs Leben läuft.

Lust aufs Ausprobieren? Dann notiere doch am besten jetzt gleich auf einem Zettel, welche fünf Beobachtungen, Momente, Erfahrungen dich heute dankbar sein lassen. Und wenn du den positiven Effekt verstärken willst, dann lies diese Liste einem Freund oder einer Freundin vor, denn geteilte Freude ist doppelte Freude.

E – EMPATHY (EINFÜHLUNGSVERMÖGEN)

Sich in einen anderen Menschen hineinversetzen, mit ihm fühlen zu können, setzt voraus, dass ich ihn wahrnehme und ihn ernst nehme. Empathie ist die Fähigkeit, in Resonanz zu gehen, also mit den Gefühlen des anderen mitzuschwingen. Das ist praktizierte Mitmenschlichkeit. Empathie ist keinesfalls mit Mitleid zu verwechseln. Denn wir können das Leid anderer nicht selbst tragen. Vielmehr gilt es, dem anderen den Rücken zu stärken und ihn so zu begleiten, dass er in der Lage ist, seinen Lebensrucksack selbst zu tragen. Nimmst du deinem Gegenüber diesen Rucksack ab, dann wirst sicher du diejenige oder derjenige sein, der wenig später in die Knie geht.

Manche Menschen neigen dazu, sich sehr stark mit anderen zu beschäftigen und vor lauter Einfühlungsvermögen in andere sich selbst zu vergessen. Wenn dir das bekannt vorkommt, wenn du jemand bist, der ständig für andere im Einsatz ist und kaum noch zum Atemholen oder zu einer ruhigen Minute für sich selbst kommt, dann lohnt es sich, die inneren Antreiber anzuschauen. Denn wenn du Anerkennung und Verbundenheit vor allem im Außen oder bei anderen suchst, ist das auf Dauer nicht förderlich.

Es gilt, ein gesundes Maß von Geben und Bekommen zu entwickeln. Wir können nur dann seelisch stabile, mitfühlende Menschen bleiben, wenn wir darauf achten, dass wir selbst in unserer Kraft sind. Empathie und Fürsorge im richtigen Maß geben uns Energie. Verströmen wir uns in einer Beziehung, in einem Ehrenamt oder im Beruf, werden wir innerlich leer und unleidlich. Wer nicht auf sich hören kann, der wird auch kein offenes Ohr für andere haben.

Für mich als Seelsorgerin in der Klinik ist es ein wesentlicher Akt der Selbstfürsorge, in der Mittagspause rauszugehen und eine kleine Runde zu laufen. Ich brauche den Abstand und den weiten Himmel über mir, um mich mit mir selbst, mit dem Leben, mit der spirituellen Kraft

Gottes neu zu verbinden. Bin ich nur für andere da, dann werden die Gespräche mühsam statt kraftvoll. Deshalb noch einmal die Erinnerung an die klugen Worte des Bernhard von Clairvaux, der sinngemäß mahnt: „Gönne dich dir selbst. Ich sage nicht, tu das immer. Aber tu das immer wieder. Denn wem willst du Gutes tun, wenn du dir selbst nicht gut sein kannst?“

Vielleicht hast du auf die Anfangsbuchstaben der sieben Grundhaltungen geachtet: Confidence, Options, Uplifting, Resilience, Acceptance, Gratidude, Empathie. Wir haben das Wort COURAGE buchstabiert. Courage bedeutet Mut, Herzenskraft, Unerschrockenheit, Zutrauen oder Kühnheit. Und genau dies wünschen wir dir für die Aufgaben, für die Themen und für das Leben, das jetzt vor dir liegt.

ZukunftsMUT

Wir wünschen dir ZukunftsMUT.

Den Mut, das Beste
aus dem Möglichen zu machen,

für möglich zu halten,
dass Türen sich öffnen,
Wege sich ebnen,

dass Leichtigkeit
und Freude sich einstellen,

dass Friede einkehrt in deiner Seele
und du gehalten bist
von einem großen Segen.

Möge dir das Leben blühen!

Beate und Olaf Hofmann

KAPITEL 6

Hand aufs Herz

Wahrhaftig leben

WORUM ES GEHT:

Der Verstand hört auf das Herz
Das Herz als Seismograf seelischer Kraft
Herzensruhe und Herzkohärenz

ÜBUNGEN:

Hand aufs Herz – Fragen zu Herzenswerten
Befriede dein Herz
Herzkohärenz-Übung
Meditation der liebenden Güte

TEXTE:

Hand aufs Herz (Seite 120)
Ja! Das ist Leben (Seite 134)

Sie kämpft mit den Tränen, als sie ihren Rücktritt bekannt gibt. Jacinda Ardern ist eine durchsetzungsstarke, kluge Politikerin. Was die neuseeländische Ministerpräsidentin darüber hinaus so besonders macht, sind ihre einfühlsame Nähe zu den Menschen und ihre klaren Ansagen in den Krisen der letzten Jahre. Terroranschläge von bisher unbekannter Brutalität, ein Vulkanausbruch mit zahlreichen Toten und dann die Corona-Pandemie.

Mit all diesen Herausforderungen ist Jacinda Ardern souverän umgegangen. Und auch jetzt, in diesen Minuten, ist sie bestimmt und klar, wenn auch sichtlich bewegt. Sie folgt ihrem Herzen.

Diesen Eindruck haben Millionen von Menschen, als Jacinda Ardern nach knapp sechs Jahren öffentlich von ihrem Amt zurücktritt. „Politiker sind Menschen. Wir geben alles, was wir können, solange wir können. Und dann ist es Zeit. Und für mich ist es Zeit." Ihre Worte sind deutlich.

Politiker, und andere Personen, die große Verantwortung tragen, sind Menschen. Du und ich, wir sind Menschen. Wir sind keine Maschinen. Wir spulen kein Programm ab und funktionieren, sondern wir haben Hirn und Herz. Wir haben Sehnsüchte, brauchen Sinn und Spaß. Wir leben und wir lieben. Und wenn der Ausgleich nicht mehr stimmt, wenn wir mehr geben als wir bekommen, dann laufen wir innerlich leer. „Ich habe nicht mehr genug im Tank", sagt Jacinda Ardern vor laufenden Kameras, und diese Erkenntnis ist durchaus schmerzhaft.

Doch das zu bemerken, vor sich selbst einzugestehen und öffentlich auszusprechen, ist aus unserer Perspektive keine Schwäche, sondern eine Stärke. Es gehört eine große Portion Mut dazu, auf sein Herz zu hören und das Gehörte dann im beruflichen und persönlichen Leben umzusetzen. Nur ein Mensch, der sich selbst wahrhaftig wahrnimmt, der seine Wirklichkeit realistisch einschätzt und erkennt, was für ihn wesentlich ist, wird in der Lage sein, seine inneren oder äußeren Antreiber zu überwinden, um auf sein Herz zu hören. Das ist einer der größten Offenbarungseide, die man leisten kann.

Früher legte man die Hand auf die Herzseite, wenn es bei einem Schwur oder Eid darum ging, nichts als die reine Wahrheit zu sagen. Heute braucht es diese Geste nicht mehr, doch es braucht die Verbindung zum eigenen Herzen, zum eigenen Leben, zu sich selbst, um eine Entscheidung zu treffen, die niemand anderes für uns treffen kann. Jacinda Ardern wird dabei sein, wenn ihre kleine Tochter in die Schule kommt und sie wird ihren Lebensgefährten endlich heiraten. Sie hat sich entschieden, ihre Kraft für die ihr wichtigsten Menschen einzusetzen. Das klingt nicht nach „Tank leer“, sondern nach Neuausrichtung im Leben.

Lassen wir uns doch von dieser außergewöhnlichen Rede anstiften, nach eigenen Herzenswerten zu fragen.

HAND AUFS HERZ - FRAGEN ZU DEINEN HERZENSWERTEN

- Was ist dir wirklich wichtig?
- Wofür bist du bereit, deine Kraft einzusetzen?
- Wo zeigst du dich pur und verletzlich?
- Wofür schlägt dein Herz und wofür noch?
- Was lässt du sein und was willst du bewusst angehen?

Deine Antworten sind deine Werte, dein inneres Leuchtfeuer, das dich leiten wird. Doch was heißt es jetzt, ganz konkret, seinem Herzen zu folgen? Unser Herz ist doch ein Teil von uns. Es ist nichts Äußeres, dem wir folgen könnten. Es hat einen festen Platz hinter dem Brustbein, gut geschützt in unserem Oberkörper. Es kann zwar pochen, stolpern, schmerzen, brechen, brennen und in seinem ganz eigenen Takt schlagen, aber es kann doch nicht als Kompass dienen, oder?

Als zentraler Muskel ist das Herz dafür zuständig, nähr- und sauerstoffreiches Blut durch unseren Körper zu pumpen. Etwa 100.000-mal schlägt es Tag für Tag, um bis zu 9.000 Liter Blut durch unseren Körper zu pumpen. Bereits wenige Wochen nach der Befruchtung beginnt das Herz eines Embryos zu schlagen. Es ist ein unglaublich berührender Moment, wenn werdende Eltern im Ultraschall den Herzschlag ihres winzigen Kindes sehen, lange bevor sie es in den Armen halten. Ich erinnere mich noch genau, als wir dieses rhythmische Pochen sahen und es uns wie ein Wunder erschien. Es ist eine frühkindliche Erfahrung, die alle Menschen teilen, dass sie als erstes Geräusch den verlässlichen Herzschlag ihrer Mutter hören. Irgendwann vergessen wir dieses Wunder.

Zeit, sich zu erinnern, dass dein Herz auch heute, genau jetzt beständig schlägt.

Leg doch einfach mal das Buch aus der Hand und die Hand aufs Herz. Spürst du das feine, leise Schlagen des Herzmuskels unter der linken Brust?

Im Ruhezustand ist es kaum zu merken. Doch sobald wir uns aktiv bewegen, Sport machen oder eine Treppe gelaufen sind, kannst du das Pulsieren fühlen. Dann sorgt das Herz kraftvoll für gut durchblutete Gefäße. Es ist ein Power-Organ. Dabei wiegt unser Herz nicht viel mehr als ein Stück Butter und ist gerade mal faustgroß.

Erst seit zwanzig bis dreißig Jahren arbeiten Kardiologen und Psychologen zusammen an der Erforschung des Herzens. Und erst seit dieser Zeit wissen wir, dass das Herz viel mehr ist als ein Muskel. Es ist ein intelligentes und fühlendes Organ. Denn es empfängt nicht nur Impulse von unserem Gehirn, so dass es schneller schlägt, wenn wir uns Sorgen machen oder Angst haben. Nein, das Herz sendet selbst Signale an das Gehirn. Es verfügt mit mehr als 40.000 Neuronen über ein gigantisches Netzwerk und funktioniert als selbständiger Impulsgeber.

Forscher sprechen daher vom Herz-Gehirn, was über das vegetative Nervensystem mit dem Kopf verbunden ist und auf unser Denkorgan einwirkt. So kommt es, dass unser Herzrhythmus unsere Gefühle widerspiegelt und sich stark verändern kann, je nachdem, ob wir uns stressen und sorgen oder uns freuen und entspannen. Messen lässt sich das über die Herzfrequenzvariabilität, also über den Wechsel der Zeiten zwischen aufeinanderfolgenden Herzschlägen. Wenn Blutdruck und Herzfrequenz erhöht sind, vermindert sich diese Variabilität. Sie ist nicht mehr so flexibel. Wird dagegen Freude, Mitgefühl oder gelassene Ruhe empfunden, entspannen wir uns. Das aktiviert die körpereigene Entspannungszentrale, den Vagusnerv. Und es erhöht sich die Variabilität, also die Anpassungsfähigkeit unseres Herzens zwischen Phasen der Belastung und Entlastung.

Unser Herz wird zum Seismografen unserer seelischen Kraft. Wer es lernt, darauf zu hören, gewinnt nicht nur eine größere Einsicht in das Wunderwerk des Organismus, sondern kann aktiv dazu beitragen, den Rhythmus seines Herzens gesund zu erhalten.

Im Coaching erzählte mir eine Frau von ihrer angespannten beruflichen Situation. Als Unternehmerin musste sie Filialen anders strukturieren und Mitarbeitende dazu bewegen, sich in ein neues Team zu integrieren und sich auf etliche Veränderungen einzustellen. Als deutlich wurde, dass sie sich darüber hinaus auch um eines ihrer Kinder sorgte und stark gefordert war, fragte ich sie nach ihrem Herzgefühl.

Darüber hatte sie sich bislang wenig Gedanken gemacht. Sie hatte funktioniert. Doch inzwischen gab es immer häufiger Zeiten, in denen ihr Herz aus dem Tritt kam, heftig klopfte, ja sogar wie ein Rennpferd galoppierte, bevor es sich wieder beruhigte. So etwas fühlt sich wie Chaos im Herzen an. Vielleicht hast du das selbst schon erlebt. Es ist ein häufiges Merkmal von Stress und Überforderung. Wenn wir uns weigern, darauf zu achten, können sich solche Anzeichen verfestigen und uns krank machen.

Wer will das schon? Diese Frage habe ich mir kürzlich selbst gestellt und denke an ein Erlebnis wenige Wochen zurück. Der Tag war voller Termine, am Abend noch eine Onlinekonferenz und ich sah den Abgabetermin eines Artikels drohend im Kalender auftauchen, ohne dass der Text geschrieben war. Es fühlte sich an, wie eine Falle, in die ich mit offenen Augen hineinlief. Auch Coaches sind nur Menschen, die zwar anderen zum Durchblick verhelfen, aber selbst reichlich Fehler machen. Niemand ist vollkommen, eine Erkenntnis, die mir nicht sonderlich weiterhalf. Zum Absagen des Auftrags war es viel zu spät. Eine Verschiebung der nächsten Termine war nicht möglich. Olaf war selbst beschäftigt und konnte nicht hilfreich einspringen.

So sehr ich auch nach Auswegen und Optionen suchte, es verstärkte nur den Druck im Kopf. Ich spürte auf einmal ein pochendes, dumpfes Schlagen meines Herzens. Es klopfte stärker, wurde unangenehm, ohne dass ich es ausbremsen konnte. Ich wollte es nicht ignorieren, zugleich konnte ich es nicht beeinflussen.

In meiner Beklemmung und Ratlosigkeit setzte ich mich aufs Sofa, griff ich zu Stift und Tagebuch und begann zu schreiben:

Hand aufs Herz

Ich spüre mein Herz
flatternd wie ein kleiner Vogel
pulsiert es in meiner Brust
unruhig pocht es
stolpernd, als müsse es seinen Takt erst finden
wird schneller
dann wieder langsamer
zögert, als warte es auf jemanden
jemanden, der sagt:
Ist ja gut

Doch es ist nicht gut
ausreichend vielleicht
ausreichend

Das Wort klingt nach
ausreichend – es reicht aus
ich leide keinen Mangel

Nicht alles ist gut
noch ist nicht alles gut
doch für heute genügt es
gut genug
der Druck lässt nach

Beständig, zart und zögernd klopft mein Herz
sucht und findet seinen Rhythmus
verbindet sich mit weisen Worten:
Unruhig ist mein Herz,
bis es Ruhe findet,
Gott in dir
Hand aufs Herz – das genügt für heute

Beate Hofmann

Anschließend legte ich den Stift aus der Hand, atmete tief durch und las den Text nochmals durch. Ich ließ die Worte auf mich wirken, spürte, wie gut es tat, zu genügen und loszulassen. Dann atmete ich bewusst tief ein und lange aus. Ich schaffte es, mit meinen Gedanken im Jetzt zu bleiben und stoppte alles Vorausplanen. Ich blieb bei mir. Allmählich klopfte mein Herz ruhiger, wurde es leiser und leichter. Ich kam wieder an in mir. Und je ruhiger ich atmete, desto gleichmäßiger klopfte mein Herz. Ich hatte erlebt, wie entlastend es ist, auf sein Herz zu hören, anzuhalten und dadurch wieder handlungsfähig zu werden.

Herzspezialisten sprechen von Herz-Kohärenz. Mönche von Herzensruhe. Wie auch immer, es geht um Selbstwahrnehmung, um ein wirksames Ausbalancieren von Anspannung und Entspannung. Wenn unser Herz und Hirn in guter Verbindung sind, wenn wir es hinbekommen, einen Ausgleich zu schaffen zwischen Zeiten der erhöhten Aktivität und den Ruhephasen, dann können wir nicht nur gesünder leben, sondern beherzter, befreiter und kraftvoller. Vor allem der Gedanke, innerlich meine Last an eine göttliche Kraft abgeben zu können, mich rückzubinden an ein Größeres, das tat meiner Seele richtig gut.

Es heißt, dass emotionaler Stress für uns noch schädlicher ist als Rauchen. Dieser Stress belastet und steigert das Risiko für einen Herzinfarkt. Er verknotet unser Hirn und verhindert ein Lösungsdenken.

> Also raus aus der Stressfalle und rein in die Herzensruhe!

Drei Anregungen für ein inneres Ankommen in der Ruhe des Herzens haben wir aus unseren Klosteraufenthalten und persönlichen Erfahrungen gewonnen. Vielleicht ist etwas Neues oder Hilfreiches dabei, was du für dich ausprobieren und umsetzen magst.

1. ORA ET LABORA – NUTZE DAS BENEDIKTINISCHE PROGRAMM

Benediktinische Spiritualität wird mit der Haltung „ora et labora" (bete und arbeite) verbunden. Für Benedikt von Nursia war sonnenklar, dass alles Tun und auch alles Beten nur aus einem Grund geschieht: damit in allem Gott verherrlicht werde.

Ora et labora übersetzen wir so: Vertraue – und werde aktiv – aus der Ruhe deines Gebetes und deines Herzens heraus. Diene mit deinen Möglichkeiten, setze dich ein, aber verströme dich nicht.

Arbeite so, wie du betest – mit ganzem Herzen und geistesgegenwärtig. Sei präsent, sei besonnen. Vertraue nicht nur deiner Emsigkeit, sondern der Kraft Gottes, die sich als eine Form des Gelingens wahrnehmen lässt, die wir Segen nennen.

Bete genauso, wie du arbeitest: verbindlich, mit beherzter Kraft, mit Freude und in einem guten Rhythmus. All das gehört zusammen und fühlt sich wie ein Tanz an. Arbeite, wie du betest und bete, wie du arbeitest. Im besten

Sinne ist beides eine Herzenssache, die mit Leichtigkeit, Freude und Hingabe zu tun hat.

2. GEH IN DEIN KELLION – ES WIRD DICH ALLES LEHREN

Es wird erzählt, die alten weisen Wüstenväter und Mütter hätten sich in die ägyptische Wüste zurückgezogen, um jenseits der Dörfer und Gemeinschaften ein Leben als Eremiten zu führen. Sie wählten dieses Leben in Einsamkeit, um radikal nach Gott und sich selbst zu suchen. Nennen wir sie religiöse Minimalisten. Ihnen kam es darauf an, alles wegzulassen, was sie vom Wesentlichen ablenken würde. Ihr Kellion, eine karge Lehmhütte, bot Raum für diese Suche und führte sie zugleich in diese Klarheit, Schlichtheit und Umfriedung, in die Herzensruhe. Oft war das ein lebenslanger Prozess.

Nicht, dass du uns missverstehst: Wir plädieren weder für Lehmhütten noch für ein Leben in der Einsamkeit der Wüste oder ein Leben als Eremit. Doch wer wahrhaftig bei sich ankommen will, der muss sich die Hand aufs Herz legen und von Zeit zu Zeit oder auch ganz regelmäßig in die Stille zurückziehen.

Von diesem Mut, das Lassen zu tun, haben wir im ersten Kapitel ausführlich geschrieben. Pater Anselm Grün weist immer wieder darauf hin, wie essenziell es ist, dem eigenen Schatten, den ungelebten Anteilen unserer Psyche, offen zu begegnen. Er greift damit die Überzeugung des Schweizer Psychoanalytikers Carl Gustav Jung auf, der mit „Schatten" die unbewussten Aspekte unserer Persönlichkeit beschreibt. Wir fühlen uns mit diesen Schattenseiten in der Regel nicht verbunden, lehnen sie sogar ab und tragen sie doch in uns.

Wer immer mehr zu einem wahrhaftigen Menschen werden will, bei dem Innen und Außen stimmig sind, der braucht nach Meinung der weisen Wüstenväter und Mütter nicht viel Wissen, sondern vor allem den Mut, sich mit sich und seinen Schatten auseinanderzusetzen. Das beschreibt die folgende, oft zitierte alte Begebenheit: Ein junger Bruder suchte Rat bei einem der alten Mönche. Doch dieser schickte ihn zurück in die Einsamkeit seiner Behausung mit den Worten: Geh in dein Kellion. Setz dich nieder und das Kellion wird dich alles lehren.

Wir wünschen uns oft die Abkürzung, die schnelle, die passende Antwort auf unsere innere Suche, doch es kann sein, dass genau diese schnelle Antwort unsere Entwicklung verhindert. So schroff die Antwort des alten Mönches auch klingt, im Kern ist es die Haltung eines erfahrenen Coaches, der darauf setzt, dass wahrhaftige Entwicklung ihre ureigene Zeit braucht und sich in einem Menschen einstellt, der sich wirklich dafür öffnet.

Die Rückbesinnung auf *einen* Ort, *eine* Person, *eine* Frage, *einen* Gedanken, *einen* Text, ein *einziges* Gebet schenkt uns nicht nur Herzensruhe, sondern vertieft und erweitert zugleich unseren Lebenshorizont.

3. BEFRIEDE DEIN HERZ – VOM GUTEN UMGANG MIT GEFÜHLEN

Frieden im Herzen ist eine Form der Herzensruhe. Es ist eine Art der inneren Versöhnung. Dazu gehört es, eigene Gefühle wahrnehmen und regulieren zu können.

Barbara Fredrickson, die bereits erwähnte Professorin für positive Psychologie, beschreibt Gefühle so: „Sie sind kurz, dauern 3–30 s, umfassen mehrere Komponenten (Geist, Körper und System, also die Umwelt), werden von einer Sinnesbewertung eingeleitet und lösen eine sich selbst erhaltende Spirale aus, die das Unangenehme fortsetzen, aber auch das Angenehme entwickeln kann. In welche Richtung es geht, entscheiden wieder wir selbst.“[1]

1 https://www.spektrum.de/leseprobe/die-macht-der-gefuehle/1845967

Um diese Entscheidung geht es! Daher ist es enorm wichtig für unsere Herzensruhe, wenn es gelingt, Gefühle wie Ärger, Abscheu, Angst, Freude oder Überraschung bei uns selbst wahrzunehmen. Bist du frustriert oder verärgert, erheitert oder neugierig, zermürbt oder beleidigt, wütend oder gekränkt? Gefühle sind sehr vielfältig. Je präziser wir sie benennen und erkennen, desto besser. Wer es lernt, genau hinzuspüren, der wird leichter als zuvor den emotionalen Auslöser für die eigene Gefühlsregung bemerken.

Das ist richtig wichtig! Denn nur so können wir uns innerlich dazu verhalten. Wer beispielsweise tief durchatmet und innerlich mehr Distanz zum Geschehen aufbaut, wird weniger heftig reagieren. Dieser Raum zwischen Reiz und Reaktion ist das, was wir bewusst gestalten können. Wir beeinflussen auf diese Weise zwar nicht das Gefühl an sich, doch dessen Auswirkung, Dauer und unser Erleben. Herzensruhe beginnt mit der Wahrnehmung deiner Gefühle und der Steuerung deiner Reaktionen. Wenn du deinen Frust nach einer überlangen Sitzung wahrnimmst, kannst du durch einen Spaziergang an der frischen Luft im Anschluss für dich sorgen, tief durchatmen und das Herz beruhigen, bevor du diesen Ärger ungefiltert an deine Kolleginnen oder an die Familie weitergibst. Vielleicht fallen dir Situationen ein, in denen du das schon bewusst oder reflexartig praktiziert hast.

Mit folgenden Fragen wollen wir dich dabei unterstützen und ermutigen, dranzubleiben.

BEFRIEDE DEIN HERZ

- Wofür soll dein Herz heute schlagen?
- Welche Gefühle dürfen sich in deinem Herzen ausbreiten?
- Welche Herzensfreude hast du heute bemerkt?
- Welchem Menschen willst du mehr Raum in deinem Herzen geben?
- Welchen Gedanken willst du heute Abend in deinem Herzen bewegen?
- Mit welchem Wort oder Zitat findet dein Herz zur Ruhe?
- Man sieht nur mit dem Herzen gut – was hat dein Herz heute gesehen und als wesentlich erkannt?

Als uns die Grafikerin das Cover dieses Buches zeigte, waren wir sofort von der tiefen Ruhe und Klarheit, die das Bild ausströmt, begeistert. Wir fühlten uns an ein Erlebnis Jahre zuvor erinnert. Damals waren wir mit unserem Boot, einem kleinen roten Kanu, auf einem von weitläufigen Bergen umsäumten tiefblauen Seengebiet unterwegs, als uns ein Wetterwechsel überraschte. Aus heiterem Himmel hatten sich in kürzester Zeit dicke Wolken aufgebaut. Ein böiger Wind verwandelte den ruhigen See urplötzlich in ein unberechenbares, gefährliches Wellenmeer. Wir hatten große Mühe, Kurs zu halten. Wellen schlugen immer wieder über Bord und die Angst kam auf, ob wir es bis zum Ufer schaffen würden. Es gelang uns nur mit äußerster Kraft, das Boot in eine Bucht zu steuern, in der wir völlig erschöpft Schutz fanden und unser Zelt aufbauen konnten.

Am nächsten Morgen lag die Bucht ähnlich ruhig und fast magisch schön wie auf dem Coverbild vor uns. Ein Ort der Zuflucht im Bewusstsein der Stürme und Widerständigkeiten des Lebens. Wie gut, wenn es diese Zufluchtsorte gibt und wir sie unbeschadet erreichen.

Willst du in deinem Alltag von Zeit zu Zeit in solch einer Bucht der Herzensruhe vor Anker gehen, dann ist es unerlässlich, deinem Herzen mehr Beachtung zu schenken und Herzkohärenz einzuüben. Unter Herzkohärenz ist das optimale Zusammenspiel zwischen Herzschlag, Atmung und Blutdruck zu verstehen. Und diese Kohärenz ist eine Form von Synchronisierung, die wir durch bewusste Atmung und durch Mitgefühl, Wohlbefinden und Dankbarkeit begünstigen können.

HERZKOHÄRENZ-ÜBUNG

Drei Schritte sind für diese Übung erforderlich.

1. Zur Ruhe kommen und den Parasympathikus aktivieren

Dies geschieht, indem wir uns eine kleine Auszeit gönnen. Setz dich auf einen Stuhl, eine Bank im Garten oder auf einen Baumstamm, falls du draußen unterwegs bist.

Atme einige Atemzüge bewusst ein und aus. Nach dem Ausatmen achtest du auf den Moment, in dem dein Körper von selbst wieder nach Sauerstoff verlangt. Diese kurze Pause, die zwischen dem Aus- und erneuten Einatmen entsteht, ist der Impuls, in dem der Parasympathikus aktiviert wird. Deine Entspannungszentrale ist jetzt mehr als zuvor in Aktion und wird dich dabei unterstützen, indem die Atmung vertieft und verlangsamt ist und der Puls sich auf ein gutes, gesundes Maß reguliert. Auch dein Herz wird dadurch gleichmäßiger schlagen.

2. Mit dem Herzen atmen

Stelle dir nun in einem nächsten Schritt vor, du könntest beim nächsten Atemzug direkt zu deinem Herzen hin atmen. Du führst deinem Herzen gedanklich frischen Sauerstoff und Energie zu. Beim Ausatmen stellst du dir vor, du atmest alle belastenden Gedanken, Emotionen, den Ärger oder was sich innerlich alles angestaut hat, aus. „Mir fällt ein Stein vom Herzen", so sagen wir gerne, wenn wir etwas Schweres loslassen. So ähnlich lässt du beim Ausatmen los, was derzeit überflüssig und kräfteraubend für dich ist. Beobachte dein Herz, während du diese Atemzüge stetig und bewusst durchführst.

3. Herzensgüte und Mitgefühl entwickeln

Der wichtigste Aspekt der Herzkohärenz-Übung ist die Entwicklung von mitfühlender Güte, von dankbarer Herzenswärme, von Wohlbefinden und Zuwendung. Daher geht es im dritten Schritt darum, das Atmen mit der Dankbarkeit des Herzens zu verbinden. Dafür gibt es ganz unterschiedliche Zugänge. Du wirst selbst entscheiden, was für dich die passende Form ist.

Christlich-mystische Traditionen kennen das Herzensgebet, eine meditative Gebetsform, bei der es darum geht, immer wacher, mitfühlender, verbundener mit Gott, der Mitwelt und sich selbst zu leben. Langsam und immer gleich wiederholend spricht man ein Wort, einen Satz, einen biblischen Vers im Rhythmus des eigenen Atems und Herzschlages. Hier zwei Varianten:

Gott in mir - ich in dir.
Gott in mir - Dank sei dir.

Man kann dazu schweigend sitzen oder Schritt für Schritt bewusst gehen. Vielleicht magst du beim Gehen die kraftvollen Worte nutzen, die der vietnamesische Mönch Thich Nhat Than für das meditative Atmen und Gehen anbietet. Schritt für Schritt formuliert er: Ja zum Leben, Danke fürs Leben. Es gibt auch Menschen, denen es guttut, dieses Beten mit einer gleichförmigen Bewegung wie langsames Joggen oder Schwimmen zu verbinden. Wesentlich ist, dass es für dich stimmig ist. Wir bieten dir hier nur Anregungen für den Weg. Gehen darfst und sollst du ihn selbstständig. Darüber hinaus ist es eine geistliche Übung, kein fertiges Konzept. Die Übung formt den Übenden.

Jede Übung, jede meditative Praxis braucht Zeit, Geduld und auch Disziplin. Niemand würde erwarten, nach nur einem Liegestütz einen Muskelzuwachs zu sehen. Ähnlich ist es auch mit den meditativen Übungen, die zu mehr Herzensruhe und Kohärenz des Herzens führen.

Besonders die Wirkung der alten Meditationspraxis der liebenden Güte oder Herzensgüte ist sehr gut erforscht. Wir haben bereits vor zehn Jahren in einem Buch über diese Art der Meditation geschrieben. Die Worte dieser meditativen Praxis führen – wenn sie regelmäßig und bewusst genutzt werden – nachweislich zu einem stärker ausgeprägten Mitgefühl und zu großer Verbundenheit, die sich positiv auf die Herzkohärenz auswirken.

ÜBUNG ZUR MEDITATION DER HERZENSGÜTE

Setz dich entspannt hin, spüre dem Schlag deines Herzens nach und atme einige Atemzüge ein und vor allem tief aus. Sei ganz bei deinem Atem. Stell dir vor, du würdest nicht nur durch die Nase, sondern durch dein warmes Herz atmen.

Denke jetzt an jemandem, den du liebst und spüre dahin, wo dieses Gefühl der Liebe bei dir sitzt. Nun stelle dir vor, du würdest dein inneres Kind mit seiner Sehnsucht und seinem Bedürfnis nach Liebe fest in den Arm nehmen. Schicke diesem Kind und damit dir selbst diese liebevollen Gefühle, die du aktiviert hast. Nutze die folgenden Sätze dafür:

Mögest du sicher sein.
Mögest du gesund sein.
Mögest du glücklich sein.
Mögest du in innerem und äußerem Frieden leben.

Lass nach jedem der Sätze ein wenig Zeit, um die Worte auf dich wirken zu lassen. Spüre den guten Gefühlen nach, die diese Worte auslösen und

fühle die innere Ruhe, die sie bewirken. Dies stellt sich erst allmählich und mit jeder Übung etwas mehr ein. Nimm diese liebevolle Kraft mit hinein in deinen Tag, in deine Arbeit und in dein Leben.
Wenn du dazu bereit bist, sprich diese Sätze auch Menschen in deinem Umfeld zu. Dadurch wächst dein Verbundensein mit ihnen.
Gutes Gelingen und Freude beim Ausprobieren!

„Das Gehirn hört auf das Herz“, sagt der bekannte Herzchirurg Reinhard Friedl, der sich mit der komplexen Verbindung von Herz, Gehirn und Seele beschäftigt. Seit vielen Jahren interessiert er sich daher auch für Meditation und die Erforschung des Bewusstseins. Er beschreibt, dass unser Herz das stärkste elektromagnetische Feld in unserem Körper generiert. Die Spannung des Herzens ist sechzigmal stärker als die des Gehirns. Daher haben wir auch ohne Worte die Fähigkeit, mit dem Herzen zu spüren, wahrzunehmen und uns mit anderen zutiefst verbunden zu fühlen. Wer diesen Energien seines Herzens folgt, wird ohne viel Aufwand sehr wahrhaftig leben.

Wir beschreiben es als eine spirituelle Tiefe, in der wir uns im Innersten, im Herzen, von Gott berührt und geführt fühlen. Es gibt Geschichten, die erzählen von dieser Führung durch die Kraft des Herzens.

Vielleicht kennst du die Berufungsgeschichte eines der bekanntesten Könige Israels. Im ersten Buch Samuel wird beschrieben, wie der Prophet Samuel nach Bethlehem geht, um einen der Söhne Isais zum König zu salben. Unter den sieben stattlichen Männern sind scheinbar passende Kandidaten dabei, doch Samuel wählt schließlich den jüngsten, reichlich unbekannten Sohn des Isai. Die Worte, die ihn dabei innerlich leiten sind bis heute bekannt: „Ein Mensch sieht, was vor Augen ist; der Herr aber sieht das Herz an“ (1. Samuel 16, Vers 7). Der auserwählte junge Mann ist niemand anderes als jener David, der später mit Goliath kämpft und ein umjubelter König wird, auch wenn sein Leben Licht und Schatten vereint.

Mit dem Herzen etwas sehen, das sind Momente, in denen wir erleben, dass uns eine Kraft aus dem Innersten leitet, durch die wir befähigt werden, schwere, aber wahrhaftige Aufgaben anzunehmen oder Entscheidungen zu fällen. An dieser Stelle teilen wir eine sehr persönliche Geschichte von uns.

Alles begann damit, dass ich auf die Intensivstation zu einem älteren Herrn gerufen wurde, der alle weitere Behandlung abgelehnt hatte. Er wusste, dass er sterben würde. Ich betrat den Raum und dachte, ich hätte mich im Zimmer getäuscht, denn zwischen den blinkenden Monitoren lag ein Mann im Bett, der mich wach und mit interessierten Augen beobachtete. Ein Blick auf den Namen am Bett bestätigte, dass ich tatsächlich beim richtigen Patienten war. Er konnte nicht mehr sprechen, doch mit Gesten und Blicken war er durchaus in der Lage, sich mitzuteilen. Als ich ihn fragte, ob ich ihm noch etwas Gutes tun, mit ihm beten oder ihm etwas lesen sollte, schüttelte er den Kopf.

Doch es war keine resignierte, lebensmüde Geste, denn seine Augen leuchteten. Er strahlte eine Art Zuversicht und Einverständnis mit dieser Situation aus, die mich schwer beeindruckte. Um uns herum war viel zu tun, wie meistens auf der Intensivstation. Ärzte liefen an andere Betten, Pfleger und Pflegerinnen waren mit Patienten und Technik beschäftigt. Der alte Herr deutete auf diese Menschen und hob den Daumen. Ich fragte nach, ob ich es richtig verstanden hätte: „Sie wollen mir sagen, dass Sie die Ärztinnen und Ärzte, die Pflegenden, dass Sie all die

Menschen gut finden? Sie fühlen sich hier gut betreut von all den Mitarbeitenden?" Er nickte und in seinen Augen war eine Anerkennung und ein Leuchten zu sehen, dass mir ganz warm ums Herz wurde.

„Danke", sagte ich und nahm noch einmal seine Hand „Ich werde ihren Dank und ihre Zuversicht mitnehmen und teilen."

Am Abend erzählte ich Olaf von der außergewöhnlichen Begegnung. Ich war berührt und zutiefst dankbar, so etwas erleben zu dürfen. Olaf war ganz Ohr und ganz Herz. Er sagte wenig dazu. Erst Tage später erzählte er mir, dass er bereits an diesem Abend das Gefühl hatte, diese Geschichte sei etwas Besonderes und sie würde nicht nur mich, sondern auch ihn betreffen.

Am folgenden Tag kam der Ruf von einem Oberarzt der Intensivstation, der mich um seelische Unterstützung für die Angehörigen jenes Mannes bat. Der Patient war gerade verstorben und die Söhne waren bei ihrem Vater, um von ihm Abschied zu nehmen. Ich wusste nicht, was mich hinter der Tür erwarten würde. Ich wusste nur, dass ich einmal mehr einen schwierigen Auftrag hatte, bei dem ich mich aus dem Herzen leiten lassen würde.

Als ich in den Raum trat, lief Jazzmusik leise im Hintergrund, die Sonne strahlte durchs Fenster auf das Bett und auf dem Nachttisch stand unangetastet eine Flasche Jever-Bier. Die beiden jungen Männer saßen am Bett, hatten jeweils ein Bier in der Hand und baten mich, dazuzukommen. Es war eine außergewöhnliche Situation, die sich der Verstorbene genau so gewünscht hatte. Ich fühlte mich wie aus der Zeit gefallen. Alles war so lebendig, traurig, persönlich und einzigartig zugleich.

„Erzählen Sie mir von ihrem Vater", bat ich und dann hörte ich von Segelabenteuern, von Freundschaften, von

Verlust und Trauer, von Liebe und Glauben. Wir weinten, lachten und teilten das Leben im Angesicht des Todes.

Ich erlebe viele Abschiede in der Uniklinik, doch dieser war etwas sehr Kostbares und ein ganz besonderer Abschied. Am Abend hatte ich viel zu erzählen. Olaf sagte: „Ich glaube, das war noch nicht die ganze Geschichte." Er sollte Recht behalten. Wenige Tage später ein Anruf der Angehörigen, ob ich die Beisetzung ihres Vaters übernehmen könnte. Gerne hätte ich zugesagt, doch an diesem Tag hatte ich Rufbereitschaftsdienst und musste am Uniklinikum sein. Ich sagte ab. Es war einige Momente still, dann sagte Olaf: „Also, wenn sie niemanden sonst finden, ich könnte das auch machen."

Ich war überrascht. Olaf hatte zwar eine Rednerausbildung und hielt gerne ermutigende Vorträge, doch Trauernde zu begleiten, eine persönliche Rede für die Beisetzung zu schreiben und zu halten – das ist eine Erfahrung, die er bisher nicht gesucht hat.

„Bist du dir sicher?", fragte ich. Er nickte wortlos und ich spürte, dass es eine andere Form von Bereitschaft war, die ihn jetzt leitete.

Als ich der Familie in einer kurzen Mail signalisierte, dass Olaf übernehmen könne, kam wenige Minuten später ein Dank der Angehörigen. Damit war klar, dass Olaf eine große Aufgabe vor sich hatte.

Drei Tage und einige Telefongespräche später fand die Beisetzung in einem kleinen Ort im Schwarzwald statt. Zahlreiche Menschen nahmen Abschied von einem Mann, der für seine Liebe zum Meer und zum Segeln, für seine Lieder, für seine manchmal wortkarge, aber zuverlässige Art und für seine Entschiedenheit geschätzt wurde.

Olaf begann die Rede , indem er von jener besonderen Begegnung auf der Intensivstation erzählte, von der Zuversicht und Lebendigkeit mitten im Sterben und von der Jazzmusik, die dieser Mann so geliebt hatte.

Die Zeit stand still.
Es war ein Moment, in dem Olaf seinem Herzen folgte und auf diese Weise viele Menschen in ihrem Herzen berührte. Zum Schluss las er einen Text, den ich an jenem Tag nach dem Abschied auf der Intensivstation geschrieben hatte:

Ja! Das ist Leben

Sehen, schmecken, fühlen

die Ganzheit,
die Fülle,
den Abschied,

Tränen und Träume teilen.
Sich nah und verletzlich zeigen.

Dem Geheimnis des Ganzen
fragend sich nähern.

Segel setzen,
sich tragen lassen vom Meer der Zuversicht
hinaus in die Weite,

Das Ufer aus dem Blick verlieren
und loslassen,
um zu sein,
der ich sein werde.

Beate Hofmann

Als Olaf von der Beisetzung zurückkam, war ich es, die aufmerksam zuhörte und sich erzählen ließ vom Mut, den es gekostet hatte, diese Rede zu halten. Von der Aufregung, die sich in ein tiefes Gefühl von Segen gewandelt hatte und von der Bereitschaft, ab jetzt auch für solche Anfragen bereit zu sein und Menschen in Ausnahmesituationen des Lebens zur Seite zu stehen.

Und diesmal war es Olaf, der zu Stift und Tagebuch griff, um für sich aufzuschreiben, was dieses Erlebnis so kostbar gemacht hatte:

Ich war im richtigen Moment am rechten Platz.
Freiwillig habe ich mir das nicht ausgesucht – es war herzgesteuert, mutig und am Ende ein Segen für uns alle.
Danke.

KAPITEL 7

HerzensKRAFT

Hörend ins Handeln kommen

WORUM ES GEHT:

Mit dem Herzen hören
Dem Kompass des Herzens folgen
Die Kraft der inneren Bilder nutzen

ÜBUNGEN:

S.E.S.A.M.-Gesprächstechnik

TEXTE:

Wir wünschen dir ein
hörendes Herz (Seite 141)
Wesentlich leben (Seite 150)

Im biblischen Buch der Könige wird eine Geschichte von Zukunftsmut und Herzenskraft erzählt, deren Essenz selbst Tausende Jahre später noch eine tiefe Wirkkraft hat. Der junge König Salomo, steht vor der gewaltigen Aufgabe, das Amt nach dem Tod seines Vaters zu übernehmen und das Volk zu regieren.

Die Last der Verantwortung drückt ihm auf der Seele. Er fragt sich, wie er dem Ganzen gewachsen sein soll, ist unsicher und sorgend vor dem, was ihn erwartet. Salomo spürt, dass es nicht mit Mut und Strategie allein zu schaffen ist. Er geht den Weg nach innen. Er sucht die Nähe Gottes. Salomo betet.

Im nächtlichen Traum begegnet ihm Gott. Wie in 1001 Nacht mutet es an, dass er zu Salomo spricht: „Was immer du bittest, will ich dir geben". Es gibt sicher vieles, was der junge König brauchen kann: Erfahrung, Durchsetzungsstärke, Vermögen, Frieden für sein Volk. Wie wird er sich entscheiden? Wonach strebt er? Was ist das Wesentliche, was er sich für ein gelingendes Leben wünscht?

Und wenn er dich gefragt hätte? Was ist dir wirklich, wirklich wichtig?

- Was benötigst du, um dein Leben gestärkt auszurichten?
- Was macht dich tief im Herzen glücklich?
- Womit kannst und willst du leuchten?
- Was dürfen andere von dir empfangen?
- Was willst du geben und was brauchst du dafür?

Salomo wünscht sich „ein hörendes Herz" – ein Herz, das offen ist, das hinhört, hinspürt, hinsieht. Ein Herz, dem Zwischentöne auffallen, das sich von den leisen und feinen Nuancen leiten lässt. Ein Herz, das auch das Unausgesprochene hört, das nach dem Beweggrund forscht, das mitfühlt. Er nennt es „ein Herz, das unterscheiden kann zwischen Gut und Böse".

In der biblischen Geschichte heißt es, dass Gott ihm seine Bitte erfüllt. Salomos Herz ist weise und verständig. Er wird ein überaus einfühlsamer, wacher und kluger Richter und Regent. Unter seiner Herrschaft lebt das Land im inneren und äußeren Frieden. Salomo empfängt eine Herzenskraft, die Zukunft ermöglicht. Er hält diese nicht für selbstverständlich, sondern versteht sie als spirituelle Kraft, die ein Mensch empfangen, nicht aber machen kann.

Ein hörendes Herz zu haben, was heißt das für uns, für dich und mich?

- Was wäre, wenn wir mehr als bisher auf ein hörendes Herz achten?
- Was bedeutet es, mit einem hörenden Herzen gesegnet zu sein?
- Was können wir dafür tun und was müssen wir sein lassen, um dieses mitfühlende, in Resonanz gehende Hören zu entwickeln?

Wir wünschen dir ganz persönlich ein hörendes Herz. Nimm dir einige Momente Zeit, lies den Text und lass ihn in deinem Herz nachklingen.

Wir wünschen dir ein hörendes Herz

Ein Herz, das weit und offen ist,
das verletzbar und nahe ist,
ein Herz, das kraftvoll schlägt,
ein Herz, in dem die Hoffnung wohnt.

Wir wünschen dir Herzenskraft,
gleich einem ruhigen Strom,
der in dir fließt,
stetig, mit dem Schlagen deines Herzens,
ohne dein Zutun.

Wir wünschen dir Kraft, die dir zufließt,
die aus der Quelle des Lebens entspringt.
Kraft, der du dich öffnest,
die du willkommen heißt,
die dein Herz ruhig schlagen lässt
in den unruhigen Zeiten des Lebens.

Wir wünschen dir Kraft, die dich und andere stärkt,
die dich erfüllt mit Zuversicht und Liebe,
die dich mit anderen verbindet,
die dich dankbar macht
für das Geheimnis des Lebens.

Wir wünschen dir Kraft,
die dich weise und leise sein lässt,
Kraft, die dich aufblühen lässt
und Früchte trägt,
wenn die Zeit dafür gekommen ist.

Beate und Olaf Hofmann

Wollen wir gemeinsam als Menschheitsfamilie in eine gute Zukunft gehen, dann kommt es darauf an, in diesem Sinne Herzensweisheit zu gewinnen, sich gegenseitig zu stärken und mit anderen in Resonanz zu gehen.

In dieser Zukunft hören wir auf, einander im Gespräch zu übertrumpfen oder zu schwächen. Dann sprechen wir nicht mehr über-, sondern viel mehr miteinander. Und wir werden uns mit dem Herzen zuhören, um der Seele Türen zu öffnen und dem anderen ein Mit-Mensch zu sein.

Hast du Lust, noch einen Schritt in diese Richtung zu gehen? Wir stellen dir eine Gesprächsführung vor, die uns selbst schon vielfach weitergeholfen hat. Sie wurde durch das österreichische Berater- und Therapeutenpaar Hubert und Helga Teml entwickelt und war ursprünglich für die Praxisberatung von Pädagoginnen und Pädagogen gedacht. Sie beruht auf der Beobachtung, dass es Gespräche gibt, die besonders emotional aufgeladen sind. Solche Situationen erfordern ein sehr einfühlsames Gespräch, welches Türen zu Herzen öffnet. Daher auch der wunderbare Name „S.E.S.A.M.-Strategie“, der uns direkt an Alibaba und das magische Wort zum Öffnen der Schatzhöhle erinnert.

Stell dir einfach vor, dein Gegenüber hätte die Lösung für sein Problem im Grunde seines Herzens längst in sich. Doch es fehlt der Zugang dazu. Um ihm oder ihr diese Tür zu öffnen, musst du bereit sein, dich echt, mitfühlend und glaubwürdig zu zeigen. Traust du dich, auf diese Weise in Resonanz zu gehen?

Eine Zauberformel ist die S.E.S.A.M.-Gesprächsführung nicht, sondern ein Weg, um Gespräche, die kritisch und emotional schwierig sind, in gute Bahnen zu lenken. Dadurch wird es möglich, eine Situation besser einzuordnen und mitfühlend damit umzugehen. Außerdem tut es Betroffenen gut, auf diese Weise über eine belastende Erfahrung zu sprechen, Mitgefühl für sich selbst zu entwickeln und Mitgefühl durch andere zu erfahren. S.E.S.A.M. ist ein Akronym, das es ermöglicht, mit dem Herzen zu hören.

DIE S.E.S.A.M-STRATEGIE

S: Situation anhören
Frage danach, was konkret passiert ist. Lass dir das Problem beschreiben. Werte nicht und kommentiere nicht. Höre aufmerksam zu.

E: Emotionen erfragen
Frage danach, was dein Gegenüber empfunden hat. Wie es ihm oder ihr damit erging.

S: das Schwierigste herausfinden
Frage danach, was an der geschilderten Situation, an dem Problem das Schwerste war. Was daran war schwierig oder belastend?

A: Anker finden
Frage danach, was ihm oder ihr geholfen hat, diese schwere Situation zu bestehen und standzuhalten. Beispielsweise: „Wie bist du bis hierher gekommen?" „Was hat dir geholfen, dies zu überstehen?"

M: Mitgefühl ausdrücken
Formuliere, was du dazu empfindest und wie du mit deinem Gegenüber mitfühlst. Beispielsweise: „Ich bin berührt von dem, was du erzählst." „Danke, dass du mir vertraust und mir deine Gefühle zeigst. Es muss sehr schwer für dich gewesen sein."

Sicherlich haben dich die Gedanken, Übungen und Texte in diesem Buch schon ein Stück näher zu dir und deiner tiefen Sehnsucht nach Leben gebracht.

Es bleibt ein Unterwegssein, denn es ist ein lebenslanger Weg. Und es ist unfassbar wichtig, immer deutlicher und immer klarer zu wissen, wonach wir uns sehnen. Wer nicht beschreiben kann, was er sucht, der hat es schwer mit dem Finden.

Wir haben das kurz vor Weihnachten selbst erlebt. Das Kuvert mit dem Geld, das uns die Oma zu Weihnachten schenken wollte, war weg. Und es war nicht nur unser Weihnachtsgeschenk, sondern sie hatte auch Geld für ihre Enkelkinder darin verpackt. Wir hatten den Umschlag schon in der Adventszeit von ihr bekommen, legten ihn zur Seite und wollten ihn am Heiligabend unter den Weihnachtsbaum platzieren. Der Weihnachtsabend rückte näher, das Kuvert war weg.

So sehr wir auch suchten, es lag weder auf noch unter oder in den Schränken. Es blieb verschollen. Und es machte uns nicht nur ärgerlich oder traurig, sondern wir zweifelten allmählich immer mehr an uns selbst. Wir hatten den Brief von ihr bekommen. Er konnte sich ja nicht in Luft auflösen.

Schließlich setzten wir uns noch einmal in Ruhe zusammen und überlegten, was wir machen könnten.

Ich bat Olaf, mir zu beschreiben, wie er sich an das Kuvert erinnerte. Wie es aussah, sich anfühlte, welche Farbe und Größe es hatte. Ich schloss die Augen, stellte mir innerlich vor, was Olaf mir beschrieb – und staunte. Denn anders als in den vergangenen Jahren war es kein normaler weißer Briefumschlag gewesen. Diesmal war das Geld in einem beigen, länglichen Umschlag. Ich hatte die ganze Zeit ein völlig anderes Bild im Kopf gehabt. Plötzlich fiel es mir wie Schuppen von den Augen, dass ich so einen Umschlag kürzlich gesehen hatte, ohne ihn genauer unter die Lupe zu nehmen. Und ich wusste auch, wo. Keine zwanzig Sekunden später hielt ich freudestrahlend den Weihnachtsbrief der Oma in der Hand.

> Du musst wissen, was du suchst,
> willst du finden, was du suchst.

Für uns hat der Satz an jenem Tag eine ganz praktische Bedeutung bekommen. Es ist wie mit dem Kompass. Er ist ein nützliches Instrument, um den Weg zu finden. Wenn ich allerdings nicht weiß, wohin ich will, dann nutzt der beste Kompass nichts. Also müssen wir uns fragen und konkret ausmalen oder beschreiben, in welcher Zukunft wir leben wollen.

Wenn wir Menschen bei der Suche nach ihrer persönlichen Zukunft begleiten, geht es häufig um Klärung oder Neuausrichtung in einer herausfordernden Situation. Und auch wir selbst sind Menschen, die sich immer wieder mit ihrem Leben und ihren Möglichkeiten auseinandersetzen. Gerade Krankheiten und unverhoffte Umbrüche, die sich niemand freiwillig aussucht, erfordern es, dass wir unser bisheriges Idealbild von Zukunft neu ausrichten. Es hilft ja nichts, sich dem zu verweigern. Und gerade in diesen Momenten erleben wir, dass es enorme Kraft freisetzt, wenn Menschen ihr Herzenswissen, ihre Intuition dafür nutzen.

Vielleicht fragst du dich, wie es geht, einen wirksamen Zugang zur Lotsenkraft des eigenen Herzens zu bekommen. Sicher hast du schon die Erfahrung gemacht, dass du intuitiv spüren konntest, was in einer Krise für dich dran ist. Einen Moment lang schien dir alles klar und lösbar.

Doch nur wenige Sekunden später funkt der Kopf mit all seinen Überlegungen, Argumenten und skeptischen Anmerkungen dazwischen. Und weg ist die Sicherheit. Der Weg ist verstellt und der nächste Schritt liegt wieder im Dunkel verborgen.

Wie könnte man Licht hineinbringen und sicherer werden in der inneren Ausrichtung? Es gibt viele Wege und Tools dazu. Wichtig ist, dass du den für dich stimmigen findest. Deshalb beschreiben wir dir hier, wie unterschiedlich Olaf und ich diese Frage für uns angehen. Lass dich davon ermutigen, einen eigenen Weg zu entwickeln. Es ist nicht wichtig, dass er perfekt ist, sondern dass er dich in Resonanz bringt mit dem Wissen, was längst in dir ist und dass du dich traust, deinem Herzen zu folgen.

Ich ziehe viel Kraft aus meinen jährlichen „Herzensbildern“. So nenne ich vereinfacht eine Collage, die aus Fotos und Bildern entsteht. Sie helfen mir, die Sehnsucht meines Herzens mit Hilfe meiner Intuition ans Licht zu holen. Jedes Jahr im Dezember freue ich mich schon riesig auf freie Abende mit einer guten Musik und einem Stapel ausgewählter Zeitschriften und Magazine, die ich das Jahr über kaufe und zur Seite lege. Ich nehme mir dann Zeit, den Fragen nachzuspüren, was in meinem Leben „dran“ ist, wie ich im kommenden Jahr leben möchte.

- Was ist noch ungelebt in meinem Leben?
- Wer oder was soll mehr Aufmerksamkeit in meinem Alltag erhalten?
- Was bin ich bereit zu geben?
- Woher nehme ich meine Kraft?
- Was stärkt mich und was macht meine Seele froh?
- Welche Zukunft möchte ich leben und gestalten?
- Was ist jetzt dran?

Danach tue ich nichts, als auf mein Bauchgefühl zu achten und mit diesen Fragen im Hinterkopf Bilder oder Textbausteine aus den Zeitschriften auszuschneiden oder auszureißen. Es ist ein wunderbar kreativer und spannender Prozess, denn ich bin selbst gespannt darauf, was letztlich entsteht.

Ich folge meinem Herzen. Aus der Fülle der Bilder wähle ich schließlich nur die, welche mir ein Leuchten in die Augen zaubern, ein wohliges Bauchkribbeln auslösen oder mich sehr dankbar machen. Dann stelle ich die Collage aus Wörtern und Bildern zusammen. Häufig drucke ich auch noch Fotos von den Menschen aus, die mir besonders wichtig sind.

Die Kombination des Ganzen ist ein Kunstwerk. Und wie in der Kunst üblich, gibt es eine Präsentation, eine Vernissage. Ich lade Olaf ein, ein Glas Sekt zu nehmen und gemeinsam mit mir meine Herzenskraft-& Zukunftsmut-Collage für das kommende Jahr anzuschauen, zu befragen, zu diskutieren und zu feiern. Aktuell ist der Kern meines Herzensprojektes ein dickes JA zum Leben. Ich bin so dankbar für das, was ist, und ich möchte es sehen, statt zu übersehen.

Olaf hat eine ganz andere Art, sein Herzenswissen anzuzapfen und mit dem Herzen zu hören. Er nennt es einen „Schwellengang" und macht sich auf in die Berge, die gleich hinter unserem Haus beginnen. Mit einer Frage im Gepäck und dem Rucksack mit Tagebuch, Tee, Sitzkissen und Feuerzeug auf dem Rücken geht er bedächtig Richtung Wald. An einem bestimmten Punkt des Weges wird die gedachte Schwelle überschritten, raus aus dem Kopfkarussell der vielen Gedanken hin in die Stille. Jetzt darf das Herz im ruhigen Rhythmus schlagen und es wird ganz sicher einen

Impuls ans Licht bringen, der aus einer spirituellen Quelle stammt, die uns im Alltagstrubel nicht zugänglich ist.

Der Weg führt durch den Wald, den Berg empor und schließlich zu einer kleinen Wanderhütte mit einer Feuerstelle und einem unvergleichlich schönen Weitblick bis zu den Bergketten des Schwarzwaldes am Horizont. Dort auf einem Holzstamm zu sitzen, ein Feuer zu schüren und ganz im Jetzt zu sein bis die Sonne am Horizont verglüht und die ersten Sterne am blassblauen Himmel stehen, ist Olafs Variante, auf sein Herz zu hören.

Und immer kommt er anders zurück, als er gegangen ist. Da ist eine Klarheit im Herzen spürbar und ein Leuchten in den Augen zu sehen, die mich jedes Mal wieder beeindrucken. Vielleicht ist es so, dass ein Mensch in seine Mitte kommt, wenn er zur Ruhe gekommen ist. Die Weite der Natur, die Magie des Feuers und die Bereitschaft, sich dem göttlichen Geheimnis fragend zu nähern, machen dies möglich.

> Wir erleben es so: Herzenskraft ist ein Gefühl von Nach-Hause-Kommen. Wer in seinem Herzen zu Hause ist, der kann neu aufbrechen, ohne jemals heimatlos zu sein.

Halt finden in unsicheren Zeiten, das heißt mit den Zehen nach dem Grund zu tasten, während uns das Wasser fast bis zum Hals reicht.

Halt finden in unsicheren Zeiten bedeutet auch, vorübergehend eine windstille Bucht aufzusuchen, wenn wir den Wellen, der Strömung oder dem Gegenwind nicht mehr kraftvoll genug begegnen können.

Halt finden in unsicheren Zeiten heißt sich stärken zu lassen durch Erfahrungen anderer, denen es gelungen ist, Zukunftsmut und Herzenskraft zu entwickeln.

Wir hoffen und wünschen, dass du in diesem Buch mehr als genug davon gefunden hast. Unser Wunsch ist es, dass du diese Erfahrungen multiplizierst, indem du sie teilst. Und dass es uns gemeinsam gelingt, auf diese Weise eine wunderbare Mut-Vermehrung anzustubsen.

Was ist die Essenz von Zukunftsmut und Herzenskraft?

Für uns ist es die Erkenntnis, dass es bei dir und mir liegt, das Beste aus dem Möglichen und aus dem Alltag ein Fest zu machen! Wir halten für möglich, dass uns das Leben trotz aller Krisen und Unsicherheiten blüht und wir am Ende der Tage sagen: Ich habe mein Leben gelebt.

Wesentlich leben

Anhalten im Alltag.
Ausatmen.
Aufatmen.
Achtsam werden.
Ankommen im Jetzt.
Mich besinnen auf das, was ist.
Beachten, was mir begegnet.
Mühelos erwarten, was sich einstellt.

Ankommen in meinem Leben.

Bereit sein.
Das Schöne sehen.
Das Herz damit nähren.

Mich lösen von dem, was belastet.
Frei werden für Neues.
Mich ausrichten nach dem Licht.
Mich zuwenden dem,
was lebendig macht.

Verbunden sein mit dem puren Leben.
Mich mir selbst gönnen.
In meiner Seele ganz neu zu Hause sein.

So wird mir das Leben blühen:

zukunftsmutig, leichtfüßig, farbenprächtig.
Und der Alltag wird zum Fest.
Und wenn es an der Zeit ist, werde ich sagen:

Ich habe mein Leben gelebt!

Beate und Olaf Hofmann

DAS AUTORENTEAM

Beate und Olaf Hofmann stärken als Coaches Menschen in beruflicher Verantwortung, sind als Diakone, Auszeitexperten und Anbieter von Seminaren zur Persönlichkeitsentwicklung unterwegs. Beate Hofmanns Schwerpunkte sind, neben ihrer Tätigkeit als Klinikseelsorgerin an der Uniklinik Tübingen, die Themen Lebenskompetenz, Sinnfindung und christliche Spiritualität. Olaf Hofmann begleitet Menschen bei Trauer und Verlust und schreibt als Autor vor allem zu den Themen Natur, grüne Resilienz und Lebenskraft.

www.hopeandsoul.com